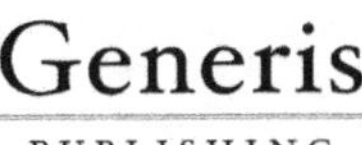

Formación inicial de docentes: la opinión de los estudiantes de la escuela normal en tiempos de reformas

Manuel Salvador Romero Navarro
Claudia Isabel Quintero Maldonado

Title: **Formación inicial de docentes: la opinión de los estudiantes de la escuela normal en tiempos de reformas**

ISBN: 979-8-89248-590-6

Author: Manuel Salvador Romero Navarro, Claudia Isabel Quintero Maldonado

Cover image: www.pixabay.com

Publisher: Generis Publishing
Online orders: www.generis-publishing.com
Contact email: info@generis-publishing.com

La reforma 2022 en la formación inicial de docentes: la opinión de los estudiantes de la escuela normal

Manuel Salvador Romero Navarro

Institución: Benemérita Escuela Normal Urbana "Prof. Domingo Carballo Félix"

msrn661122@gmail.com

Claudia Isabel Quintero Maldonado

Institución: Benemérita Escuela Normal Urbana "Prof. Domingo Carballo Félix"

mclaud70@gmail.com

CONTENIDO

CONTENIDO

Introducción

El presente trabajo fue elaborado como parte la continuidad de los proyectos individuales del Cuerpo Académico "Teoría y práctica en la formación de profesores" y en la investidura del Programa de Desarrollo Profesional Docente (PRODEP) que se ostenta desde 2015 a la fecha y que ha permitido generar cierta producción académica y comulgar con ello la docencia y la difusión de esa producción.

En un primer momento se trabajó parte de la reforma 2022 en la formación de profesores de educación básica, seguramente el impacto de este estudio tomó ese cauce, porque el material empírico derivado de entrevistas y encuestas fue planteado sobre la reforma que apenas inició en 2022, en esa lógica se ha mantenido la misma línea de generación y aplicación de conocimientos: *Formación inicial de docentes,* y en consecuencia el tema lo se re-abordó como: "La práctica docente en la formación inicial de maestros desde la reforma 2022: ¿Cómo abordarla desde la pedagogía crítica y la descolonización del conocimiento alienado y alienante? Sobre todo, pensando en el enfoque y en las teorías que fundamentan la Nueva Escuela Mexicana (NEM), lugar que en lo inmediato irán a trabajar los alumnos normalistas una vez que egresen de la escuela normal.

Cabe aclarar que derivado de los proyectos específicos de los integrantes del Cuerpo Académico (CA), surge el proyecto común y por supuesto que el punto de partida o referente seguirá siendo esta reforma 2022, que como ya se refirió en octubre del 2022 inició con ciertas dificultades, sobre todo para quienes participamos en el grupo de codiseño; porque la gente que ayer (sobre todo de la Secretaría de Educación Pública [SEP] federal) era neoliberal, ahora, de un día para otro es crítica y parecen tener resistencias con un nuevo modelo que implica una ruptura epistemológica que no han logrado hacer porque aún no les queda claro.

Los participantes directos fueron, son y serán estudiantes y maestros formadores, pero son los primeros los agentes más importantes porque están en el proceso formativo, los depositarios del saber docente, sobre todo en esta reforma que se espera primero transforme la conciencia y el hacer de los formadores, luego entonces transforme las conciencias alienadas de los estudiantes y por ello se tomó a éstos en cuenta privilegiando sus discursos, sus sentimientos sobre la formación y en general lo que piensan en su estancia por la escuela normal.

Como ya se ha referido en otros espacios de la narrativa derivada de la producción académica, los últimos tres sexenios de los gobiernos federales han generado, al principio decía que cierta, pero en realidad es mucha incertidumbre poco proclive para el aprendizaje de enfoques, contenidos y en general de los planteamientos curriculares, esto porque se han "lanzado" al final de los gobiernos (de Calderón y de Peña Nieto) y eso por supuesto ha provocado más confusión, no hay manera de dar un seguimiento puntual y en las escuelas normales los docentes especulamos desde lo que creemos es nuestra verdad.

En esa idea, parece que se han convertido en expertos, en sabios de teoría, investigación y práctica del currículum, esta crítica no significa que no se pueda asumir un posicionamiento ante el currículum, sus enfoques y sus planteamientos, sino que desde los conocimientos del sentido común expresar el sentir de las reformas sobre todo cuando no coincide con la propia ideología, pero estas "críticas" se hacen en lo local y no tienen un impacto ni dentro ni fuera de la institución formadora de docentes.

No obstante, como ya había planteado con anterioridad ¿Hasta dónde somos capaces de entender las lógicas curriculares sin estar prejuiciados por aquellos planes como el de 1997 y 1999 de las licenciaturas en educación primaria y preescolar respectivamente? ¿Por qué asumimos que la reforma del 2012 y del 2018 no abonan a la formación? ¿Qué argumentos académicos y curriculares tengo para decir que las reformas "no sirven"? ¿En qué me baso para incluir lecturas de programas de planes de estudios anteriores? Incluso, quienes participan hoy en el grupo extendido de codiseño de los programas institucionales del plan de estudios 2022 de la escuela normal, seguramente se tienen ideas encontradas adversas a la propuesta curricular, toda vez que está fundamentada en la pedagogía crítica y eso no es bueno para algunos que han transitado siempre con ideas tradicionalistas o neoliberales y difícilmente cambiaran, incluso, al operar con una conciencia poco crítica, seguramente las propuestas seguirán en la tesitura de lo que se supone hay que cambiar para mejorar.

Aquí hay algunas dificultades como puede ser la simulación de estar trabajando con la lógica crítica, lógica que en la mayoría de los docentes formadores está ausente; además, es posible continuar el trabajo con diseños que en realidad no cambien nada y mantengan la misma perspectiva de lo que se está criticando, de hecho, las "críticas" a la reforma de educación básica, a la NEM, por ejemplo, se hicieron sin fundamento, porque había conceptos y palabras fuertes, que "dolieron" según estos docentes. Lo que si se evidenció es la falta de conocimiento sobre pedagogía crítica y sobre conceptos que trastocan el *habitus* de los formadores tradicionales.

Además, con la expedición de los libros de texto de la NEM se hizo una mala propaganda con argumentos centrados en la ideología comunista, lo cual también provocó que ciertos formadores de docentes, de forma acrítica también expresaran tener siempre la razón y que efectivamente eran comunistas. Nada más alejado de la realidad, por ello, es necesario en la conciencia como formadores una transformada radical hacia una lógica crítica, capaz de entender la realidad desde un posicionamiento propio y con el fundamento apropiado.

En esta misma lógica, es importante repensar los procesos de aplicación de las reformas, por ello, en este trabajo indagativo se ha intentado conocer y analizar lo que alumnos y maestros piensan y viven sobre la reforma del 2022, una reforma iniciada a dos años de la culminación de este gobierno de la llamada Cuarta Transformación (4T), al menos no inicia tres meses antes de que concluya como pasó con la reforma de 2012 de Calderón y la de 2018 de Peña Nieto, sin embargo, los diseñadores del currículum siguen siendo los mismos políticos educativos de la Dirección General de Educación Superior para el Magisterio (DGESUM) que estuvieron en esas reformas condenadas de inicio al fracaso.

Aun con la mal llamada reforma educativa de Peña Nieto, las escuelas normales tienen un peso importante, fundamental en la formación de docentes, pese a que Peña Nieto intentó quitar la responsabilidad única de formar profesores de educación básica; además de la contratación de los maestros de inglés que poco a poco se van relegando y aunque tienen muchos privilegios desde inicio, ya el inglés -y en esto se tomó plena conciencia- deja de tener tanta importancia como lo tenía con el plan 2012 y 2018; ahora las asignaturas que forman docentes tienen su lugar y sobre ellas se está trabajando con más peso.

Referentes del trabajo indagativo: El problema de investigación

En esta lógica, se ha afirmado en diferentes espacios y momentos que la teoría ha sido una asignatura pendiente en los planes y programas de estudios de las escuelas normales. El contenido académico está plagado de textos que hacen alusión a cierta producción académica, pero que en esencia no contempla un entramado categórico-conceptual claro, no hay una racionalidad que guíe el proceso formativo de los estudiantes y ante ello, los formadores hacen un "collage" de posturas (si es que hay) y formas de asumir el trabajo de la práctica, además, ésta difícilmente es evaluada, ni siquiera revisada para buscar la mejora permanente, incluso términos como innovación, transformación, mejora son parte del discurso del formador, pero hacia lo que el estudiante debe saber y hacer. Por todo lo anterior se plantea ¿Cómo se observan las prácticas docentes con y sin una reforma fundamentada en la pedagogía crítica y la descolonización del conocimiento alienado y alienante?

Como cualquier otro, este problema es susceptible de revisarse de forma permanente, porque intenta observar lo que podría ser un nuevo proceso formativo, aunque también busca profundizar un poco en lo que se mantiene realizando en las prácticas de la formación de profesores, no obstante, hoy se trata de romper con la reproducción de un contenido académico que aun con las opiniones encontradas de los defensores de la política neoliberal, el arbitrio cultural se ha evidenciado en la formación dentro de las escuelas normales y como en apariencia se observa difícilmente cambiará, aun cuando en teoría tendríamos que estar formando alumnos críticos, con una visión diferente de la realidad, del mundo.

Sin duda, la reforma de las escuelas normales de este 2022 ha iniciado con cierto recelo y con muchas resistencias provocado por lo que se había especulado en el marco curricular de la educación básica, y sobre los programas del primer y segundo semestre; programas de índole federal que de alguna forma siguen reproduciendo el plan 2012 y 2018 de la formación de docentes, al menos eso parece indicar acorde a los comentarios de los formadores. Hay quienes no han leído los textos de la escuela básica, por ejemplo y aun así opinan sobre la "tragedia" que trae consigo una reforma centrada en el humanismo, la comunidad, la crítica y en la integración del conocimiento, algo que por decenios demandábamos los docentes de la escuela básica, ahora que parece se va a concretar, ya muchos no están de acuerdo, asumiendo una postura acrítica ante lo que en realidad no se conoce, en ciertos casos se niega ser neoliberales, pero en realizad no hay intención de salir de la zona de confort.

Por otro lado, "seguimos trabajando en el codiseño", entrecomillado porque la dirección de la escuela y los representantes institucionales tienen la idea de que todo saldrá por inercia, todo lo contrario. No hay seguimiento al trabajo académico. Al principio del codiseño vivimos algunas reuniones donde se consolidó la idea de que no se puede conciliar, pero, además, democratizar la elaboración de programas tampoco ha dado resultados. Esto porque no por ser "especialistas en algo o tal vez en nada" se es capaz de diseñar lo que implica tener claridad sobre teoría curricular, al menos haber participado en la elaboración, rediseño o modificación de programas de estudios, "hacemos por hacer", porque es un trabajo donde la institución "no puede quedar mal" y no porque realmente exista un compromiso con el enfoque de la NEM.

Como toda reforma, hay cierta resistencia por parte de profesores, sobre todo de aquéllos que ya estaban habituados a reproducir un currículum prescrito, aunque el de 2022 no quiere decir que no lo sea, pero otorga la posibilidad a las escuelas normales de conformar equipos de trabajo para participar en el llamado codiseño, y puedan aportar en equipos de trabajo que se necesita para tener una formación integral en los estudiantes normalistas. Bajo este contexto se tenía la posibilidad de hacer un diagnóstico e involucrar con ello los intereses de los estudiantes, sin embargo, en reuniones se decidieron los cursos para los estudiantes sin tomar en cuenta sus opiniones.

Los comentarios, las formas de expresarse ante la reforma son síntomas de cierta resistencia por lo desconocido, negar las lógicas de pensadores como Freire, Gramsci, Marx, Bourdieu, pedagogos críticos, entre conceptos y categorías que a veces se manejan, son claros ejemplos de no concebir la crítica como forma de asumir el conocimiento y la realidad, es mantener alienada la conciencia sobre el *habitus* que se niega a cambiar e intenta perpetuarse; seguramente es más sencillo mantener la comodidad, no leer algo nuevo aunque sea ya clásico, porque implica un esfuerzo intelectual al que no estamos acostumbrados muchos profesores, incluso hasta se piensa que los docentes de básica no entienden nada de la reforma de ese nivel, lo cual es preocupante, porque entonces ¿Qué tipo de docentes se forma? ¿Por qué se niega que los egresados de la escuela normal reproducen prácticas de los formadores y a la vez se les responsabiliza de todo a ellos como maestros noveles? ¿Qué hace falta en la escuela normal para mejorar la formación de profesores?

Las anteriores son preguntas que tal vez no queramos ver y no consideramos como ya se ha destacado, por ello, en las actividades del codiseño los equipos de trabajo podrían estar convencidos de asumir un posicionamiento diferente, acorde tal vez a la ideología del currículum de la reforma. Una conciencia inconmensurable con ello es muy probable que no aporte o lo haga sólo desde sus recortados referentes.

Un problema posible de surgir es mantener la lógica, la ideología que se está buscando erradicar. Dar continuidad, reproducir lo que sabemos, lo cual mantiene también la zona de confort en lo que "se sabe hacer", el estado rutinario de la vida cotidiana, repetitivo de la actividad, la práctica a la que estamos habituados. Esto afectará sin duda a los propios estudiantes, quienes se seguirán formando en la misma lógica reproductora de un arbitrio cultural; se recrudecerá sin duda la violencia simbólica que acuña el propio Bourdieu y Passeron (1979) y que los docentes ejercen de forma inconsciente al asumir el rol de autoridad pedagógica (Bourdieu y Passeron, 1979), a veces se rechaza porque "se asume una postura crítica", pero como ya se ha externado, las lecturas hechas sobre la escuela crítica y la pedagogía crítica se hacen para dar clases y no para tomar un posicionamiento diferente a la lógica de pensar tradicional, reproductiva.

Ciertamente, el fracaso de la reforma también puede ser un efecto adelantado por los formadores de docentes, porque parece costar trabajo asumir el hacer cotidiano como parte de una perspectiva crítica. En la escuela normal donde nace este proyecto de investigación, es complejo poder congeniar la ideología curricular con la de los formadores, al parecer son pocos los docentes formadores que pueden asumir una conciencia crítica, tienen ciertos referentes sobre la pedagogía crítica y por supuesto sobre las fuentes y fines del currículum de la formación de docentes, si no se acepta que la formación de los estudiantes recibida por los propios formadores, sigue siendo reproductora, no es posible trascender el umbral del tradicionalismo, del tal vez letargo intelectual con el que se opera en la formación.

Las causas de esta animadversión hacia el nuevo plan y programas de estudios, parece estar permeado por la política y por el choque de ideologías. Incluso hasta en el plan de estudios de la NEM y por supuesto de la formación de docentes las voces aseguran que son pura ideología, posiblemente porque nunca han leído o si lo hicieron no recuerdan a Michael Apple (2008), en Ideología y currículo; todo currículo obedece a una ideología, lo cual es totalmente entendible porque los gobiernos en turno plantean las políticas educativas y en consecuencia del currículum. Hace falta cierta madurez intelectual para asumir un posicionamiento libre de prejuicios, por ello, implica romper con el *habitus* que los mantiene como formadores reproduccionistas, alienados y alienantes sobre las ideas, y no se quiere transformar.

Por otro lado, en el "equipo institucional" también se evidencia la falta de un trabajo colaborativo y la balcanización donde la actividad académica se ve cruzada por las dificultades y problemas personales. Esto se ha constatado en las reuniones de trabajo, hay voces siempre alertas a ciertos docentes, a sus opiniones para contradecirlas y sistemáticamente no estar de acuerdo con sus ideas.

No puede dejar de comentarse cómo la opinión de los profesores también juega un papel importante, fundamental en el proceso de análisis de las prácticas. Éstas ¿Será que se puedan instituir un tipo concreto, derivado de algún docente que asume tener claro cómo deben ejecutarse para que sean exitosas? ¿Será esta práctica la respuesta a una formación de profesores que ha tenido altibajos y tal vez no tan buenos resultados en la egresión de profesores? Desde la lógica de este escrito, no hay una práctica idónea, hay múltiples prácticas como docentes existen, aunque en cierto modo los egresados reproducen las prácticas de los formadores de la escuela normal.

Además, parece claro cómo en la escuela normal, aun cuando se le pretende dar más importancia a la docencia que a la investigación y a la difusión, incluso estas dos áreas casi ni están en la mente de los formadores, las prácticas son muy superficiales, reproductoras y acríticas. No hay reflexión sobre lo que se hace como formadores, se espera que los estudiantes ejerzan una práctica que ni los propios formadores han sido capaces de realizar, pero allí se evidencia el ejercicio del poder al pretender que las prácticas de los normalistas se ritualicen más a través de un programa institucional de prácticas. Nada más contradictorio con los propósitos de la reforma del 2022 en la formación de profesores de educación básica.

El objetivo general de este trabajo ha sido analizar y desentrañar significados sobre cómo se observan las prácticas docentes ante una reforma que se espera esté fundamentada en la pedagogía crítica y la descolonización del conocimiento alienado y alienante, y por supuesto sobre el hacer cotidiano dentro de la escuela normal.

En esta perspectiva, el supuesto de este trabajo académico es: trabajar con una reforma, desde un nuevo proceso formativo, que trata de romper con la reproducción de un contenido académico, de la cultura normalista instituida, convertida en *habitus,* tiene que promover estudiantes críticos, mejores docentes capaces de asumir la realidad con el herramental categórico-conceptual necesario para transformar de manera permenente el hacer profesional.

Como ya se ha comentado páginas arriba, en los tres últimos gobiernos presidenciales se han puesto en marcha tres reformas curriculares para la formación de maestros de educación básica, no obstante, es importante tener cierta apertura para entender cómo se han vivido en la escuela normal y cómo se espera se viva la que apenas tiene dos años de haber iniciado. Apenas, porque si bien ya inició, hay un proceso fuerte de codiseño, donde se han conformado equipos de trabajo con docentes de todo tipo, donde las autoridades estatales no han mostrado ningún tipo de interés, como ha pasado con las dos reformas anteriores, las autoridades educativas estatales están en modo *laissez faire*.

A pesar de ello, las escuelas normales, también con los maestros que tiene, salen adelante en el trabajo académico, haciendo referencia sobre todo a la docencia como una parte importante en el trabajo diario, pero también visto por algunos docentes como la esencia de la escuela y como prácticamente la encomienda que tienen los formadores por excelencia.

Esto no es nuevo, porque los políticos educativos siempre han mostrado poco interés por la educación en México. Plantean programas educativos con la intención o con la idea de que van a fracasar, por supuesto que responsabilizan a los docentes como encargados de reproducir los programas de estudios y eso les permite lavarse las manos. Pretenden siempre, sin argumentos ni datos "evaluar" el trabajo en las escuelas, a los profesores, pero ellos jamás se evalúan y seguramente así se mantendrán, en el estado menos, las escuelas normales están en el olvido total, parecen más un peso que instituciones formadoras de docentes.

Esta reforma que inició el ciclo 2022-2023, parece tener nuevos planteamientos, una perspectiva crítica, aunque eso tendría que valorarse en la construcción de los programas de las disciplinas del orden institucional, esto porque en el orden estatal no hay posibilidades de que se haga algo, toda la responsabilidad está puesta en las escuelas normales y en ellas, no todos comulgan con la lógica crítica, muchos están habituados a la escuela tradicional, donde la autoridad del docente es más importante que formar conciencias libres.

En coincidencia con lo anterior, las reuniones de trabajo sobre la NEM por ejemplo y esta reforma, parece normal esas resistencias, porque el *habitus* es muy fuerte, no se cambia sólo con la llegada de una reforma. El cambio, la innovación y la mejora son procesos que deben ir de la mano de las reformas, la que sea. Por ello, en esta idea, es una exigencia conocer qué se ha hecho con la implementación de las reformas y dar un seguimiento a los procesos que viene y se convertirán en momentos formativos cuyo acento crítico o no puesto por los docentes formadores, va a ser determinante para el éxito o el fracaso de la reforma.

Ciertamente, las resistencias son claras, pero esto es algo normal, todo lo nuevo, como apuntaba Carrizales-Retamoza (1998) genera dudas, confusión y es posible que se transite a la investigación y creación; sin embargo, para ello es indispensable despojarse de los prejuicios, porque estos mantienen en la zona de confort, no es que sólo no se esté de acuerdo con las políticas de los gobiernos en turno, es más bien cómo trasladar la animadversión hacia la propia escuela y a programas que aún no se conocen, tal vez se condena al fracaso esas reformas que en esencia posiblemente traigan algo nuevo y efectivamente busquen mejorar, pero para ello se necesita de una conciencia crítica y propositiva.

Por todo esto, para poder opinar y hacer propuestas de mejora a lo que se tiene o se va elaborando como propuestas curriculares. De allí hacer un planteamiento como este, para entrar de lleno en lo que piensan, claro, buscando una postura crítica, no criticona sobre la puesta en marcha de un plan y programas de estudios que en apariencia tiene eso precisamente, un enfoque crítico cuya perspectiva requiere entenderse.

Con los antecedentes descritos y sobre el inició de una reforma 2022, vinculada a la NEM de educación básica; donde se ha abordado sobre todo la opinión de estudiantes del plan 2022 y del plan 2018, se da continuidad al estudio de análisis al trabajo con la reforma y otras prácticas de los formadores, el estudio es de enfoque cualitativo y con una metodología desde la crítica educativa de Eisner (1998), quien en su libro *El ojo ilustrado* sostiene que, "si se puede considerar al conocimiento como el arte de la apreciación, se puede concebir la crítica como el arte de la revelación. La función básica del crítico es educativa" (p. 106). Sin duda esta percepción aumenta a profundidad cuando el docente como experto debe actuar con sentido crítico.

En términos de la perspectiva cualitativa, "encontrar lo oculto a partir de lo manifiesto", es parte fundamental para realizar un análisis con la profundidad esperada por quienes tal vez no somos expertos en formación, pero sí hemos incursionado en esta área del campo educativo, tanto desde la docencia como desde la investigación en el CA en el cual hemos producido algunos trabajos, además de haberlos dado a conocer en el libro *Teoría y práctica docente en Baja California Sur* con cuatro volúmenes.

Las revelaciones emanan de los diferentes puntos de vista de estudiantes y docentes, aunque en este escrito destacamos la opinión de los estudiantes entrevistados, porque ellos son quienes viven en carne propia los aprendizajes en esta reforma. Los comentarios de las entrevistas y las observaciones se analizaron para armar un discurso pretendiendo ser coherente, crítico y sustentado en una realidad como instancia en acción dentro de la formación de profesores de la escuela normal.

Aportes de la normal a la formación de docente

Como ya se ha destacado, la intención de este trabajo es continuar con el análisis de las opiniones de los estudiantes en su proceso formativo en este plan de estudios 2022, mismo que seguramente inició con dificultades, pero que ha permitido vislumbrar un planteamiento diferente sobre la formación de nuevos docentes, porque parte de los principios de buscar una escuela crítica, lo cual era una asignatura pendiente, además de dar oportunidad a los profesores de las escuelas normales de diseñar sus programas, en este caso el 50% del plan de estudios es representativo y da una clara idea de un cambio para mejorar.

Realizar pláticas informales como expresaba Woods (1987) con relación a la entrevista, abre el panorama sobre sus vivencias sobre las prácticas que viven en la escuela normal, prácticas diversificadas, por un lado, pero a la vez tan parecidas entre los formadores de docentes, en cierto modo participar en una reforma debiera ser alentador, pero cuando se asume el cambio para no cambiar todo parece tener poco sentido. Aun así, los estudiantes tienen opiniones positivas y negativas sobre la formación recibida en la escuela normal. Así lo dice un estudiante:

> Ha aportado grandes conocimientos para mi formación como docente, en las diferentes asignaturas que he llevado. Considero que lo más importante que me ha aportado la normal como futuro docente es brindarnos el acercamiento a las practicas educativas desde un primer semestre, pues es un aprendizaje experiencial del cual reflexionamos a lo largo de nuestra formación y este solo lo aprendemos con la experiencia misma en las escuelas. (Estudiante de tercer semestre, comunicación personal, diciembre de 2023).

Para el estudiante entrevistado, las aportaciones de los docentes de las diferentes asignaturas han sido importantes, porque han permitido aprender sobre todo lo referente al rol docente. Es claro cómo el enfoque de sus percepciones se dirigen hacia la práctica docente, parecen asumir cómo en el colectivo de los estudiantes la práctica es el centro de la formación, parece se suma importancia la idea de "la práctica hace al maestro", máxima que los estudiantes no solamente han escuchado por parte de los formadores, sino que ha sido una idea con la cual han comulgado en la vida cotidiana, en la realidad de los conocimientos de receta, en cierto modo coincide con la idea de la formación inicial de docentes. Otra estudiante considera al respecto:

> Me ha aportado a mi formación docente diversas estrategias de enseñanza, a llevar un plan de cómo visualizo mi clase y a ser lo suficientemente crítico como para reconocer cuando las cosas no salen como se prevén y realizar adecuaciones que beneficien al grupo en el cual practico. Además, me ha sido de gran ayuda para exponerme a diferentes ambientes de trabajo y a orillarme a pensar fuera de lo común para llevar a cabo secuencias que se salen del libro en la primaria, pues se nos recalca que ahora es cuando podemos innovar, siendo practicantes. (Estudiante de quinto semestre, comunicación personal, diciembre de 2023).

Este comentario también hace alusión a la formación para la práctica, en esta idea, la práctica parece tomar el papel protagónico en la formación de docentes. La práctica es el centro de la formación, además, la alumna normalista agrega la crítica como parte de la formación, lo cual le permite analizar su práctica e innovar de forma permanente. Ya no se puede seguir pensando como el maestro tradicional, de la escuela reproductora que solo replica el currículum formal, es necesario pensar diferente, innovador sobre el hacer y la conciencia como docente.

Las adecuaciones al trabajo docente parecen tomar importancia en la formación de la estudiante, porque así en el grupo donde ejerce sus prácticas tienen un mejor desempeño; sobre todo hoy que la escuela básica atraviesa por una reforma caracterizada por un enfoque crítico, humanista y centrado en el desarrollo de las capacidades del ser humano.

> Me ha ayudado a desarrollar diversas habilidades, conocimientos y actitudes que no tenía antes, mi capacidad de comprensión, indagación y reflexión de mi práctica principalmente. El acercamiento a los diversos recursos teóricos me sirve para analizar la eficiencia y áreas de oportunidad de mis intervenciones, contribuyendo a mi formación profesional. La escuela normal también me aportó bases para expresar mi conocimiento de forma oral, escrita y por medio del trabajo colaborativo, asumiendo distintos roles. Además, he practicado la responsabilidad, dedicación y perseverancia. (Estudiante de quinto semestre, comunicación personal, diciembre de 2023).

La práctica docente sigue siendo parte esencial de la formación de los estudiantes de la escuela normal. El desarrollo de habilidades, conocimientos y actitudes, la comprensión, indagación y reflexión están vinculados directamente con el desempeño en la práctica, es decir, del hacer que se vive en las escuelas primarias, un nicho importante para la formación de los estudiantes normalistas.

La alumna de la escuela normal asume cómo la teoría tiene un importante impacto en la formación, porque da el herramental necesario para fundamentar la práctica en las escuelas primarias, la importancia de la teoría radica en la ayuda a la sustentar para mejorar el hacer cotidiano como alumna-practicante, en esta lógica, las teorías implícitas otorgan el herramental categórico-conceptual necesario para tener prácticas exitosas.

Las opiniones dan luz para tener una clara idea de los aportes teóricos dados por la escuela normal, mismos que trasladan hacia su hacer como estudiantes practicantes, con la ética necesaria para asumir el rol como docentes con la identidad necesaria.

> Me ha aportado, sobre todo, conocimientos teóricos que puedo llevar a la práctica. También, me ha brindado la oportunidad de desenvolverme en mi propia práctica docente a través de las jornadas, donde puedo conocer a los niños, integrarme con ellos y analizar la forma en la que aprenden, para que, en un futuro, cuando egrese de la normal, pueda actuar con base a ello. (Estudiante de quinto semestre, comunicación personal, diciembre de 2023)

Estas expresiones de estudiante de quinto semestre remiten de igual forma a la apropiación de referentes teóricos con la intención de fundamentar la práctica docente, los estudiantes de quinto semestre dan mucha importancia a la práctica en condiciones reales dentro de la escuela primaria, pero no descartan el bagaje teórico, si realmente lo hay, que adquieren en la escuela normal a través de las clases y la lectura de los textos propuestos en los cursos.

Lo anterior cobra relevancia porque los estudiantes parecen tener claro qué demanda la escuela en su proceso formativo, es una forma de ir abonando a su identidad, a la manera de ir consolidando el *ethos* como docente, con la claridad de que no sólo la práctica hace al maestro, se conjugan una serie de elementos que se cruzan con la *praxis*, es decir el vínculo dialéctico entre la teoría y la práctica. No obstante, los estudiantes de séptimo semestre parecen coincidir con esas expresiones de los alumnos del quinto semestre, así comenta un estudiante:

> Me ha aportado muchos conocimientos referentes a la teoría de la educación, que he puesto en práctica durante las clases que he impartido, como las teorías del desarrollo, las estrategias de evaluación, también gracias a las experiencias que cuentan los maestros, he aprendido muchas cosas que se pueden aplicar fácilmente en las clases diarias. (Estudiante de séptimo semestre, comunicación personal, diciembre de 2023).

Lo importante en los aprendizajes con los profesores, es que hay un traslado de la teoría a la práctica, aquí cobra sentido lo que se aprende en la escuela normal y se consolida en la formación de los estudiantes dentro de la escuela primaria. Además, se agrega otro elemento representado por la experiencia de los profesores formadores, lo cual es relativo porque muchos profesores, el grueso de ellos podría decirse fueron docentes de la escuela básica hace ya muchos años, otros egresaron de alguna escuela normal o estudiaron en ella mientras eran administrativos, pero además hay profesores egresados de alguna escuela de educación superior diferente a la escuela normal.

La experiencia común de los formadores se ha dado más en la escuela normal, la lectura, la supervisión de prácticas en teoría los convierte en "expertos" para formar a profesores ya sea de educación preescolar o de educación primaria. Incluso aun con el uso de herramientas tecnológicas y de alguna estrategia utilizada en el aula de clases, los formadores de docentes parece que encarnan y reproducen las mismas prácticas reproductoras, alienadas y alienantes de los profesores con muchos años en la normal y de aquellos que ya se fueron por jubilación o porque fallecieron. Otra estudiante afirma:

> Las bases teóricas del aprendizaje y la enseñanza que se llevan a cabo en las escuelas primarias, y como es el desarrollo de los niños respecto a cada etapa de conocimiento, aprendizaje, etc. Así mismo, la oportunidad de poner en práctica (coordinado con primarias) dicha teoría para convertirla en conocimiento. (Estudiante de séptimo semestre, comunicación personal, diciembre de 2023).

La frecuencia sobre las opiniones parece sintonizar casi perfectamente, porque para esta alumna normalista hace alusión a las bases teóricas dadas por la escuela normal, mismas que representan el herramental categórico-conceptual para desarrollar una práctica sustentada en referentes teóricos, es decir una práctica alejada de la empiria, en conocimientos del sentido común.

La teoría y la práctica se amalgaman para dar sentido a los aprendizajes de la *praxis*, como bien se comenta arriba, una práctica con el sustento necesario para promover una formación transformadora cuya lógica rompa con el *habitus* y genere mejoras como docente.

> La escuela normal ha aportado a mi formación en varios ámbitos, desde proporcionarme las bases teóricas para comprender el desarrollo de los educandos, y poner la puesta en práctica de la misma. Me ha dado la oportunidad de llevar a la realidad mis conocimientos al realizar mis prácticas en aulas de clases reales, tal y como lo será en un futuro. De igual manera me ha brindado

> herramientas didácticas y metodológicas que contribuyen en mi desempeño académico. (Estudiante de séptimo semestre, comunicación personal, diciembre de 2023).

Aquí la formación teórica también es importante para el alumno normalista, ¿seguramente estar en octavo? semestre ya, les da la posibilidad de repensar sobre su formación, el proceso vivido otorga la experiencia necesaria para entender que la empiria por la empiria no es lo único que forma al maestro. La teoría se constituye en el fundamento inherente al hacer como alumno practicante, es el complemento ideal para amalgamar una formación integral.

Ciertamente las prácticas en condiciones reales como marcan los planes y programas de estudios de la formación de docentes marcan un parteaguas entre su estancia en la escuela normal como estudiantes, futuros docentes y asumir el rol como maestros noveles una vez que egresan de la escuela normal. La didáctica se constituye también en un elemento importante que ayuda a los normalistas a apropiarse de herramental para resignificar sus prácticas en esas condiciones reales dentro de la escuela primaria.

> La escuela normal nos ha dado las bases para nuestra práctica docente, la teoría necesaria para diseñar planificaciones que pongan en práctica nuestras habilidades y conocimientos adquiridos a partir de la literatura trabajada en la normal. Asimismo, nos ha motivado a salir de la rutina al involucrarnos en distintos eventos y festivales realizados dentro de la institución. (Estudiante de séptimo semestre, comunicación personal, diciembre de 2023).

La teoría ha impactado sobre la forma de planear las acciones y actividades referentes a la práctica, es decir, da elementos para aplicar ese conocimiento a la realidad de las prácticas docentes, porque sin duda, en los tres semestres entrevistados, los estudiantes dan un peso muy importante a la práctica, pero a medida que se acercan a su egresión, dan significado importante a la teoría, independientemente de que algunos formadores siguen pensando en que la práctica es más importante y en esa lógica se forma.

Sacarlos del *habitus*, de esa zona de confort con las actividades realizadas al interior de la escuela normal y al interior de las escuelas primarias, también es un referente importante para entender que la formación del docente se da en todos los ámbitos de la realidad y en todo momento de la vida, es un proceso inacabado, en constante evolución hacia la mejora de la formación. Otros comentarios abonan sobre lo mismo:

> Me ha aportado herramientas teóricas, didácticas y de organización para la realización de las actividades prácticas dentro de la escuela, así como también, herramientas de análisis.
>
> Todo, sin duda la escuela normal ha sido la puerta de mi conocimiento, una apertura a aptitudes, destrezas, teorías y prácticas de las cuales no tenía dominio, pero una vez que en la escuela me explicaron todo esto y me hicieron llevarlo a la acción, lo comprendí. (Estudiantes de séptimo semestre, comunicación personal, diciembre de 2023).

Claro está, si se están formando para ser profesores, la práctica es un referente fundamental para el desarrollo del rol docente, pero es importante clarificar cómo esta parte de la formación requiere complementarse con la teoría, ciertamente, en la formación de profesores de forma tradicional ha sido una teoría recortada la que aprehenden los estudiantes, porque no se ha presentado una racionalidad clara, simplemente se consideran recortes de lecturas para abordar en el aula; el plan 1997 el centro era la práctica, en los planes 2012 y 2018 se hicieron intentos por incluir textos que fundamentaran más la práctica, pero igual sin una racionalidad clara.

Para el plan de estudios 2022 el enfoque se asume crítico, por ello es importante que, en el codiseño de orden institucional, se opere con esa lógica y se busque fundamentar los programas con los aportes de la pedagogía crítica, no es posible volver a una formación práctico-utilitaria, sin fundamento teórico, menos epistemológico.

La práctica docente en la formación inicial a la luz de la reforma 2022

La formación de docentes ha sufrido cambios durante los últimos tres sexenios del gobierno federal, cambios con poco sentido sobre todo los del 2012 y 2018, porque en realidad se hicieron al final de los sexenios y ambos con enfoque centrado en las competencias, lo cual de entrada ya vislumbraba su fracaso como ocurrió en los años sesenta en Estados Unidos de América.

Con la implementación del plan de estudios 2022, hubo un cambio significativo, las competencias se transformaron en capacidades y, lo mismo que ocurrió en ese tiempo en los EE. UU., ocurre en México, de las competencias se tiene que regresar a las capacidades, a las necesidades básicas de aprendizaje, porque no es posible mantener una escuela que socialice para el trabajo en un gobierno del cambio.

El plan de estudios 2022, tiene como referente principal los planteamientos de la pedagogía de Paulo Freire, sobre todo por su enfoque crítico, pero además retoma el trabajo del docente como algo fundamental a través de los procesos de codiseño en la llamada flexibilidad curricular. El único problema es que, dentro de la Dirección General, es decir, el organismo nacional que dirige a las escuelas normales, los mismos equipos que armaron y dieron seguimiento a los planes 2012 y 2018 son quienes dirigen y dan seguimiento al plan de estudios 2022, nada más incoherente en la política educativa de la nación, de un día para otro se convierten en críticos y descolonizadores del conocimiento, dejan de ser neoliberales como por arte de magia.

De cualquier forma, se publica en el Diario Oficial de la Federación (DOF): 29/08/2022, el ACUERDO número 16/08/22 por el que se establecen los Planes y Programas de Estudio de las Licenciaturas para la Formación de Maestras y Maestros de Educación Básica que se indican. Aquí aparecen todos estos planes y cada uno de ellos tiene su anexo particular que en esencia comparten el enfoque y todo su fundamento. En el acuerdo se lee:

> Que cada reforma de la educación pública ha representado un proyecto político-pedagógico que define los contenidos y la organización del currículo, la enseñanza y el papel de la didáctica, la evaluación, el aprendizaje, el lugar que ocupan en él las y los estudiantes, las maestras y maestros, las relaciones pedagógicas y las familias, con respecto a un proyecto de país específico y su relación con los distintos actores de la sociedad que participan para direccionar que la educación, específicamente en aquellos ámbitos de su interés, sea

congruente con su plan político, lo cual le da viabilidad al currículo. (SEP, 2022, p.3).

Ciertamente no puede generarse un plan de estudios de la formación de docentes que se contraponga con las ideologías y los preceptos del gobierno en turno, lo que cuesta trabajo entender es quienes siguen dirigiendo los destinos de la formación de maestros a nivel nacional, y seguramente podrán decir lo mismo sobre lo que pasa al interior de las escuelas normales, maestros tradicionalistas, difícilmente cambiarán hacia un enfoque crítico y se está viendo en las escuelas normales.

No obstante lo anterior, las políticas públicas tendrían que buscar los cambios no solamente en un papel, sino hacerlo efectivo en la realidad de las escuelas normales, pero no, se sigue manteniendo la misma lógica de dirigir desde el centro del país, con réplicas de "capacitaciones", donde el diseñador de algún programa lee diapositivas y en dos días se forma en los nuevos programas a nivel nacional, el codiseño es diferente, porque los programas institucionales no llevan ningún tipo de capacitación y esto ya es un problema del estado y de las escuelas normales, de su gestión institucional. Continúa diciendo el acuerdo nacional:

> Que dada la correlación entre los planes y programas de estudio de las Escuelas Normales y los diseños curriculares en la educación preescolar, primaria y secundaria, en México por lo menos en las últimas décadas ha predominado un enfoque instrumental, conductista y eficientista en su diseño y operación que se ha ido ajustando con cada reforma, pero que ha definido la experiencia formativa expresada en conceptos, sistemas explicativos, habilidades, saberes, normas, valores, establecidos en los contenidos y objetivos del currículo, su planeación y evaluación. Así, este periodo se ha centrado en que las niñas y los niños acudan a la escuela con un fin predeterminado por el Estado, con escasa libertad y participación y a considerar a sus maestras y maestros como personal técnico que solamente transmiten información. (SEP, 2022, p.3).

No hay duda, las ideas de la reproducción de Bourdieu y Passeron (1979), de los grandes teóricos de la pedagogía crítica como Freire y otros más, han destacado cómo el estado por lo general diseña planes y programas de estudios centrados en una ideología manifiesta en sus partidos políticos, por cien años, los gobiernos del Partido Revolucionario Institucional (PRI) y del Partido Acción Nacional (PAN) mantuvieron la misma lógica reproductora y neoliberal, donde el arbitrio cultural representa el contenido académico que docentes, como autoridad pedagógica hemos reproducido, en una violencia simbólica como dicen Bourdieu y Passeron (1979), los alumnos solamente había recibido como vasijas ese conocimiento como apunta la concepción bancaria de la educación (Freire, 1993).

Lo anterior es claro en los currículos anteriores al de 2022, porque en este plan de estudios de la formación de maestros, se espera desarrollen capacidades de análisis, de reflexión, de crear, de pensar, de construir, es decir, de poder transformar la realidad desde una conciencia libre, emancipada y emancipatoria. Todo esto choca con el pensamiento de los políticos educativos del nivel de educación normal, allí es donde está la incongruencia del sistema educativo. Sin embargo, sigue siendo claro como:

> Plantea la importancia de reconocer los saberes de la comunidad y la diversidad y de las y los estudiantes para diseñar situaciones y progresiones de aprendizaje situados. Retoma la filosofía, historia y sociología en la formación docente. Desarrolla un pensamiento crítico, científico y creativo para innovar la intervención pedagógica. (SEP, 2022, p. 1).

Los estudiantes merecen, desde esta lógica, romper con el arbitrio cultural impuesto en épocas pasadas dentro de planes y programas de estudios para retomar la visión crítica, el rol del docente como productor y no reproductor del conocimiento y de la realidad misma. De esa forma el estudiante normalista se forma con el herramental categórico conceptual necesario para asumir un rol diferente en la escuela, el contexto y la comunidad donde le toque asumir sus roles como profesor. La crítica va acompañada de un pensamiento científico y creativo, con todas las capacidades desarrolladas para buscar la mejora constante como profesional y en su realidad. En esta misma lógica, "se enfatiza en la flexibilidad curricular para contextualizar la formación de maestras y maestros a las necesidades de los territorios de las Entidades Federativas donde se circunscribe la dinámica de las escuelas normales." (SEP, 2022, p.1). Flexibilidad curricular caracterizada por el llamado codiseño, donde las instituciones, aquí en la entidad y los estados en las demás partes del país, participan en el diseño de programas acorde a las necesidades regionales.

Se enfatiza cómo en el estado no hay una dirección que guíe el trabajo de codiseño, las escuelas, por cuenta propia y no solo eso, cada maestro que forma parte del "equipo de codiseño se rasca con sus propias uñas" y hace lo que quiere, puede y cree que es diseñar programas de estudios. No hay un acompañamiento estatal ni institucional, por ello, las políticas en esta materia, a nivel nacional no han sido oportunas o carecen de sentido y apoyo, de allí la necesidad de renovar completamente la planta de políticos educativos de la Dirección General de Educación para el Magisterio (DGESUM) y de las autoridades educativas estatales, porque no hay manera de que apoyen un trabajo del cual no saben cómo hacerle. Es decir, existen autoridades educativas porque se tiene que ocupar un puesto y no porque sean capaces de realizar un trabajo mínimo del nivel.

A título personal, hasta este momento han sido cuatro los cursos que se han diseñado para la reforma 2022; Educación y cultura, Teoría y representación del otro, Currículum integrado, y Gestión académica; para tercero, cuarto, quinto y sexto semestre respectivamente, todos para las licenciaturas en educación preescolar y en educación primaria, sin embargo, han sido producto de la responsabilidad de los docentes encargados del trayecto fundamentos de la educación, sin el apoyo ni acompañamiento de autoridades estatales o institucionales, esto tiene más que ver con el *ethos* de cada docente y con la necesidad e interés de aportar a la institución con esa lógica del codiseño.

De esta forma, para entender lo que piensan estudiantes de la normal, de ambos planes de estudios, es decir 2018 y 2022, se ha estado trabajando con este proyecto de investigación, interesa mucho los aportes de estudiantes, quienes viven en carne propia la formación y su vínculo con la escuela básica y la NEM, misma que ha traído expectativas, tanto positivas como negativas, mucho depende de la ideología con la que estamos formados. Por su parte, Rosa María Torres (2023) sostiene que,

> Las instituciones formadoras de docentes están llamadas a desempeñar un papel central en el proceso: deben buscar reposicionar la dimensión del sujeto, que se dejó en la invisibilidad debido a la racionalidad técnica (Bolívar, 2004). Lo anterior se refiere a ese sujeto que «reconociendo su propio hacer [recorre] la problemática de la fundamentación», es decir, la fundamentación del plan de estudios, como debate de los fines y no sólo la aplicación de los medios, y realiza una «construcción metódica que le [sea] propia» (Remedi, 1985, p. 91), lo que implica poner en el centro la práctica del profesorado mediante un diálogo entre ellas y ellos acerca de su experiencia y constitución de identidades (Goodson, 1999). De igual manera, se reconoce a la enseñanza como una actividad compleja que se despliega en espacios únicos determinados por los contextos con claras exigencias éticas, opciones políticas e incertidumbres respecto a los resultados (Pérez Gómez, 2008; 2010). (pp. 66-67).

La reforma 2022 de la formación de maestros de educación básica, sin duda ha dado un papel preponderante al ser en una lógica transdisciplinaria, caracterizada por tener como centro al ser, con la integralidad del conocimiento, el docente tiene un rol determinante en el hacer cotidiano, no se trata sólo de que el otro aprenda, sino de que la enseñanza tome su lugar y genere condiciones no solamente didácticas, aportaciones desde el currículo a través del codiseño. Un docente que sea capaz de producir y no reproducir el trabajo de enseñar, de generar conocimiento incluso, de aportar a planes y programas de estudios.

En esta lógica, el diálogo se pone en el tapete de la discusión, como una forma de generar comunidades de aprendizaje, dinamizadores del conocimiento, con posicionamientos claros, sobre todo en una racionalidad crítica. Torres Hernández (2023) como parte fundamental del diseño del nuevo modelo de la NEM, tiene amplia claridad sobre lo que se espera en la formación de maestros, porque la armonización buscada entre ambos sistemas lleva a formar en una racionalidad crítica, humanista y comunitaria. Des alienar implica así tomar un rol diferente como agente educativo, como autoridad pedagógica el docente tiene que ser eso, no alguien que está al servicio de la ideología dominante, sobre todo si esta sigue siendo neoliberal, cosa que con esta reforma pretende cambiar.

Lógica de formación de los profesores

En lo referente a las maneras en las cuales los profesores de la escuela normal desarrollan sus prácticas, hay comentarios interesantes, aunque la mayoría de ellos hace alusión al buen desempeño de los profesores, al parecer, hay cierto temor en ellos por expresar lo que sienten o simplemente no han podido desarrollar del todo una conciencia crítica como algunos otros formadores han pretendido que desarrollen los normalistas. Desde la perspectiva del diálogo académico entre docentes, las prácticas suelen ser muy parecidas, la diferencia se centra en que cada docente tiene una personalidad como ser particular (Heller, 1987), pero actúa como ser específico (Heller, 1987).

Lo que sí es muy claro es cómo esas diferencias sitúan a los formadores como trabajadores o "barcos", sin embargo, los estudiantes difícilmente se quejan de los segundos, porque es posible que les permita sentir un respiro en el trabajo cotidiano. Están los docentes que encuentran cualquier pretexto para "ceder las clases" a los grupos, mientras que hay otros que se asumen como paladines del trabajo docente y hasta en periodos de evaluación solicitan las horas clase a otros docentes porque dicen no les alcanzó el tiempo y ante eso, los estudiantes también "ponen el grito en el cielo" porque se hartan de esos profesores que en su imaginario se sienten aclamados por los alumnos normalistas, nada más falso.

> Me siento sin comprender la lógica, me han tocado buenos docentes de los cuales he aprendido y otros que no les entiendo ni a sus tareas; me han tocado maestros muy buenos, así como me han dado maestros que no saben qué hacer con el grupo, sigo sin entender la lógica. (Estudiante de tercer semestre, comunicación personal, diciembre de 2023).

Para este estudiante, las confusiones parecen claras, lo cual seguramente tendrá que ver con esas diferencias comentadas arriba, porque cada profesor "tiene su librito" y hay quienes ni eso portan. Por supuesto que están aquellos docentes formadores que sí esperan enseñar en el aula, promover que los estudiantes aprendan y se formen a partir del contenido académico, pero están aquéllos que sólo esperan que llegue la quincena para que se les pague, atentos a ver qué les salió bien o qué les salió mal de esos pagos para hacer el reclamo correspondiente, parecen centrar todo en recibir y no dar.

Ese cruce de actitudes ante el conocimiento y ante los programas a desarrollar en el salón de la escuela normal, es posible que provoque esa maraña de confusiones, cómo es posible que algunos docentes sean tan comprometidos y otros que vean el trabajo como una manera de subsistir, si es que es válido el término, porque en realidad parece no importar si los estudiantes aprenden o no, para ellos es igual.

> Siento que cada uno de los profesores que hemos tenido a cargo de los cursos que enmarca el plan de estudios, tiene una perspectiva que no es la verdad absoluta ni la opinión correcta; escuchar cada punto de vista desde la diversidad que tienen nos ayudan a construir una perspectiva nueva. Hay docentes que tiene opiniones muy diferidas y otros que coinciden, por eso, en conclusión, considero que debemos tomar lo más relevante de cada uno y sacarles el mayor provecho, aprender de cada uno, respetando sus ideas y participando en sus dinámicas de clase con disposición. (Estudiante de quinto semestre, comunicación personal, diciembre de 2023).

Para esta estudiante de quinto semestre, los profesores son diferentes entre sí, cada uno tiene una perspectiva de la realidad que contrasta entre ellos y eso da la posibilidad de trabajar en el grupo desde la diversidad. Además, si los estudiantes como en este caso tienen conciencia de esas diferencias, hay más posibilidades de aprender diferentes posturas y a partir de ello llegar a la concienciación (Freire,1993) para así asumir un posicionamiento ante la realidad y ante los roles que se juegan como estudiante y posteriormente como docente.

Cuando habla de ideas diferidas más bien se refiere a diferentes ideas en los formadores, lo cual es una fortaleza seguramente, porque eso permite la diversidad en puntos de vista. Ya de por sí el ser humano como ser social está sujeto a lo que otros determinan para él en su proceso formativo y la conciencia está por lo común alienada a la conciencia de otros, en la escuela a un arbitrio cultural como expresan Bourdieu y Passeron (1979) y los profesores como autoridades pedagógicas reproducen ese arbitrio cultural y se traduce en el habitus de los seres en formación, alienando sus conciencias de forma permenente. Otros comentarios:

> Entre algunos profesores no es coherente su forma de enseñanza con respecto a la formación constructivista que nos quieren brindar. Debido a que ellos no desarrollan los principios del constructivismo, sin embargo, también existen maestros que si lo propician diariamente en su práctica docente. (Estudiante de quinto semestre, comunicación personal, diciembre de 2023).

> Hay maestros que, aunque tengan muchos conocimientos, les hace falta más habilidades para transmitir este y siempre terminan desarrollando sus clases de la misma manera. Hay otros maestros que si tratan de relacionar los contenidos con ejemplos de la vida diaria y se entienden más fácilmente los temas. (Estudiante de séptimo semestre, comunicación personal, diciembre de 2023).

La ilusión de algunos maestros formadores de docentes es que son constructivistas, la ilusión porque al formar equipos en el aula y poner a trabajar a los estudiantes, comúnmente hace asumirse constructivistas, porque provoca en los alumnos la posibilidad de construir su aprendizaje, aunque en esencia como docentes no construyamos nada. No obstante, un profesor constructivista no solamente tiene que saber sobre teoría constructivista, sino que también tiene que producir conocimiento, incluso hacer investigación y publicar eso que produce.

Por otro lado, tal vez los estudiantes tienen poca claridad sobre lo que implica ser un profesor constructivista, porque puede ser que algunos sean amenos o no tan aburridos, pero eso tampoco los hace constructivistas, más bien tiene que ver con las actitudes asumidas en el grupo o con la forma de ser que los caracteriza, no necesariamente con tener un posicionamiento epistemológico. En esta lógica se mantienen los comentarios siguientes:

> No sé si he comprendido bien esta pregunta, pero, la lógica en ocasiones es el empirismo, "se enseña como a mí me enseñaron", en otros si hay una formación crítica ya que conforme va avanzando la investigación en educación van modificando su actuar. (Estudiante de quinto semestre, comunicación personal, diciembre de 2023).
>
> La mayoría de los docentes llevan a cabo una enseñanza empirista, ya que sus clases las desarrollan de la misma manera en que a ellos se les fue enseñado. Sin embargo, existen algunos docentes que toman en cuenta que somos nuevas generaciones, y que ahora con las nuevas tecnologías se actualizan para llevar a cabo clases más innovadoras en relación a nuestras necesidades. (Estudiante de séptimo semestre, comunicación personal, diciembre de 2023).

La cultura normalista está plagada de mitos, uno de ellos es que el centro de la formación es la práctica docente, tal vez por ello en muchos formadores se evidencia el empirismo como esencia de la práctica docente. Aun cuando en planes y programas de estudios se analizan textos referentes a las ciencias de la educación, no pasa de moda la empiria como proveedora de fundamento para la práctica, se admite como ya se comentó arriba, que "la práctica hace al maestro" y no solamente eso, sino que se hace saber con el discurso del aula y con las actuaciones como docentes formadores.

Ciertamente, como dicen el o las estudiantes normalistas, se enseña cómo nos enseñaron, pero además del empirismo característico de la práctica, está el tradicionalismo propio de la reproducción de un contenido académico, muchas veces recortados, sin mucho aporte teórico y sin una visión crítica sobre las ideas, los conceptos y las teorías. Incluso hasta parece asustar conceptos como descolonización porque parece agresivo, no se media en la crítica como una posibilidad en el aula para tomar un posicionamiento ante la realidad y ante el propio proceso formativo.

En los mismos comentarios el o la segunda estudiante hace referencia a cómo la tecnología ha cambiado en parte el trabajo empirista de algunos formadores, sin embargo, el cañón proyector y la computadora pueden ser recursos muy importantes para el trabajo en el aula, pero si no hay un cambio de paradigma en la forma de enseñar porque se mantiene el mismo discurso reproductor, entonces el cambio es para mantener el *statu quo* en la formación de profesores. Otro estudiante agrega:

> Hay docentes que planean sus clases de acuerdo con el currículum, mientras se toman sus respectivas libertades para adecuar o sintetizar contenidos en pro de nuestra educación. Por otro lado, hay otros maestros que operan bajo una lógica de ir al salón a platicar sobre temas que nada tienen que ver con la educación, solo para cubrir sus horas. (Estudiante de séptimo semestre, comunicación personal, diciembre de 2023).

El reconocimiento sobre docentes que asumen su rol es reconocido por los estudiantes, porque aceptan que efectivamente trabajan con un programa oficial, aunque no queda claro si ese programa solamente es reproducido por esos docentes, porque en esos casos se mantiene la misma lógica tradicional de imponer una cultura que no es la propia ni de los estudiantes. Por ello es importante que aun cuando haya un programa, los formadores tengan la libertad de formar en la crítica, no reproduccionistas de los contenidos académicos.

Por otro lado, el comentario referente a los docentes que van al aula a platicar sobre cuestiones alejadas del contenido académico, a hablar de cuestiones personales, familiares y de asuntos de las relaciones institucionales, genera la idea de evadir el rol como enseñantes y solamente está en la escuela normal para cumplir un horario y literal esperar a que lleguen los días de pago, no a trabajar con decoro sobre el trabajo que se ha encomendado, entonces ¿Dónde queda el *ethos* como profesor formador? ¿Por qué no se cumple con la encomienda como profesores de educación superior en sus áreas sustantivas que son tres? Preguntas como estas hacen repensar en lo que se significa como institución y el aporte que da o se niega en la formación de profesores de educación básica.

Por otro lado, hay comentarios de estudiantes más sutiles cuyo contenido permite ver que no todo está mal, como:

> Considero que la mayoría de los docentes mantiene la idea de que debemos ser autodidactas y mantener ese interés por seguir informándonos respecto a todo lo que concierne nuestra carrera para seguir creciendo como personas, pero sobre todo como profesionales, para que el día de mañana sea nuestro hábito con el fin de buscar soluciones a los problemas presentados en el aula con los alumnos. (Estudiante de séptimo semestre, comunicación personal, diciembre de 2023).

En estas ideas están manifiestas la imagen de un formador no alienado ni alienante, en cuya lógica de la formación se observa que los estudiantes aprendan a no ser reproductores, sino agentes de cambio, promoventes de una cultura centrada en la autogestión, en la posibilidad de formarse en la autocrítica para formar a su vez de esa manera.

El hábito de buscar soluciones se funda en la crítica y la heurística, en estar en permanente proceso formativo no solo en la escuela normal, también cuando ya sean maestras y maestros en servicio, es decir, con las capacidades necesarias para transformar el *habitus* en aprendizaje permanente, no estereotipado como ocurre en la lógica de la escuela tradicional, sea reproductora o en la concepción bancaria de la educación.

> Prepararnos para atender cualquier plan de estudios que se presente a lo largo de nuestra docencia, por ende, seremos docentes que estén preparados para dominar los contenidos básicos de primaria. (Estudiante de tercer semestre, comunicación personal, diciembre de 2023).

> Algunos son más estrictos que otros, pero en general se esfuerzan en dar una buena clase, unos se centran más en la teoría y otros en las actividades. (Estudiante de tercer semestre, comunicación personal, diciembre de 2023).

> Diría que la lógica va de la mano con auto conocernos, identificar nuestro estilo de enseñanza y el perderle el miedo al error. Son docentes que aportan mucho con su retroalimentación y que nos dejan saber la verdad de nuestras intervenciones. Me parecen docentes comprometidos y que pretenden darnos consejos que nos ayuden a nutrir la práctica. La mayoría de los docentes llevan

a cabo una enseñanza empirista, ya que sus clases las desarrollan de la misma manera en que a ellos se les fue enseñado. Sin embargo, existen algunos docentes que toman en cuenta que somos nuevas generaciones, y que ahora con las nuevas tecnologías se actualizan para llevar a cabo clases más innovadoras en relación a nuestras necesidades. (Estudiante de séptimo semestre, comunicación personal, diciembre de 2023).

Estas últimas impresiones permiten ver en los estudiantes normalistas estar conformes con los profesores que han tenido, algunos son más teóricos que prácticos, otros forman en el autodidactismo y como parte de una reforma no para ella, sino para cualquiera que venga. Pero también es claro cómo hay docentes formadores que definitivamente requieren mejorar sus prácticas para desempeñar un mejor rol en el salón de clases y en la formación de nuevos profesores de educación básica.

Contenido académico del formador y la Nueva Escuela Mexicana

Como es bien sabido, a partir del 2022 se gestó una reforma en la educación normal armonizada con la NEM, con un enfoque comunitario, humanista y crítico. Esto le dio un giro al trabajo de las escuelas normales, al menos eso pudiéramos pensar, pero desde el interior de la institución formadora de docentes al parecer pocos comparten los preceptos de planes y programas de estudios de la NEM, por lo cual aseguran que ni los profesores de las escuelas básicas tienen claro los enfoques y que cada día batallan para entender cuál es la lógica de trabajo de esta reforma, no obstante, los estudiantes tienen ideas encontradas sobre la posesión y uso del contenido académico de los docentes formadores sobre la NEM.

Por un lado, hay quienes dan el voto de confianza a los profesores de la escuela normal del dominio de la propuesta para formar niños de la escuela básica, pero, por otro lado, hay cierta desconfianza en los formadores, no en todos, sobre el dominio de la propuesta, por ello, en este apartado se intenta tratar de entender las apreciaciones de los estudiantes, como se muestra a continuación:

> La posesión de los contenidos es buena y si están relacionados con la NEM, porque nos instruyen con base en ella. (Estudiante de tercer semestre, comunicación personal, diciembre de 2023).
>
> Es medio confuso, es obvio que es NUEVO para todos, pero la lucha se hace. (Estudiante de tercer semestre, comunicación personal, diciembre de 2023).
>
> Regular, creo yo que no está relacionando a la NEM. (Estudiante de tercer semestre, comunicación personal, diciembre de 2023).
>
> Más o menos, en algunos casos en las actividades que dejan, me cuesta encontrar relación con la NEM, pero en otros casos si se ve que estamos viendo la NEM ya que la mencionan a menudo y la investigamos. (Estudiante de tercer semestre, comunicación personal, diciembre de 2023).

Estos estudiantes de tercer semestre tienen una idea clara sobre los aportes de los profesores que les han tocado en sus clases, será tal vez porque apenas están concluyendo el tercer semestre y para ellos todo parece nuevo, posiblemente el discurso de los profesores les llena el oído y si lo vinculan con la NEM da la impresión de tener un dominio total de la nueva propuesta para básica.

Además, cuando dicen que es medio confuso por lo nuevo que aparentemente se presenta en este proyecto educativo; sin embargo, los enfoques no son nuevos, son parte de la pedagogía crítica de Freire y otros críticos educativos. El tercer comentario alude a la falta de relación con la NEM, tal vez algunos formadores no tienen referentes claros sobre el tema, hace falta consolidar las teorías implícitas sobre pedagogía mínimamente, porque como profesores normalistas se espera, de acuerdo a la idea de los docentes universitarios, tener un bagaje completo al menos amplio sobre teoría pedagógica, no obstante, al parecer, se cuenta con más referentes práctico-utilitarios, derivados de la didáctica y no de la ciencia de la educación.

Hay confusiones también en los estudiantes normalistas porque como formadores también expresan las confusiones que se tienen, incluso el desacuerdo en términos, en conceptos y en los enfoques de la nueva propuesta, porque tal vez choca con las ideologías que se poseen, éstas son los primeros factores que han promovido el rechazo hacia la NEM, pero en el fondo se niega, porque más que el enfoque sobre la educación, la ideología se centra en cuestiones políticas, de rechazo, incluso odio hacia la representación del gobierno federal y su política.

> En algunas asignaturas sí, en especial en la de práctica ya que, a pesar de que nuestra generación es del plan 2018, debemos desenvolvernos en escuelas que ya no se rigen por dicho plan, por lo que ha sido de mucha ayuda el contar con maestros que se preocupan por capacitarse y tratan de explicarnos lo mejor que pueden la gestión de la NEM. A veces ellos mismos pueden llegar a confundirse, pero la realidad es que, al haberse implementado de manera tan súbita, se vuelve un reto el intentar interpretar toda la información de una sola, pues a veces quienes se encargan de capacitar a los maestros ni siquiera se encuentran bien informados. (Estudiante de quinto semestre, comunicación personal, diciembre de 2023).

Este comentario habla de la toma de conciencia sobre la falta de armonización entre el plan de estudios que llevan y representa la última generación, pero también evidencia un poco la claridad sobre su formación sólida que deberían considerar que tienen con el plan de estudios, el que sea, porque no se forman para atender un plan de estudios concreto en educación básica, sino para cualquiera que se presente, con una formación integral.

También se debe tener claro que no necesariamente los formadores tendrán que hablarles de los enfoques o teorías, los estudiantes normalistas se están formando en todos los ámbitos de la vida, por ello, tienen la capacidad de autoformarse, ser autodidactas y profundizar en la NEM como en cualquier otra idea o teoría, el herramental categórico conceptual que van abravando, les tendrá que permitir autogestionar su aprendizaje.

La idea que también han promovido algunos formadores es que rápidamente, al vapor se puso en marcha la NEM, cuando se ha ido cocinando durante todo el sexenio, pero eso también tiene que ver con las ideologías, tal vez la falta de conocimiento sobre algunos conceptos o enfoques lleva a justificarlo con el hecho de que los gobiernos no hicieron las cosas de manera formal, cuando hay todo un planteamiento que, si bien no es nuevo, sí lo es para el sistema educativo. Otro estudiante dice:

> En lo personal, la asimilación y puesta en práctica de la Nueva Escuela Mexicana aún está en proceso, y por eso no hay una relación al 100%, como docentes en formación que estamos empapándonos con este nuevo modelo educativo, nos cuesta trabajo distinguir estos cambios que se han propuesto, y por eso no puedo tener una respuesta clara de si el contenido académico se vincula. (Estudiante de quinto semestre, comunicación personal, diciembre de 2023).

Ciertamente, apanas en este ciclo escolar se ha ingresado sobre el análisis sobre la NEM, es un proceso que pocos tienen claro, sobre todo porque el trabajo por proyectos implica retomar concepciones que se habían dejado de lado por la balcanización del contenido académico. Algunos maestros de educación básica tuvieron experiencias en su tiempo de profesores con el Plan de Actividades Culturales de Apoyo a la Educación Primaria (PACAEP), programa que inició en 1983 y duró al menos en este estado hasta 2002 más o menos, donde se trabajó por proyectos, teniendo como centro de inicio de los proyectos la cultura de la comunidad, se partía de la realidad, buscando integrar el contenido académico por áreas de interés. Pero existen maestros de todo y de nada.

> Los docentes apenas están aprendiendo los principios de la NEM, debido a que es algo completamente nuevo y considero que van por el buen camino, pues, cada día se preparan más en la posesión de estos contenidos. (Estudiante de quinto semestre, comunicación personal, diciembre de 2023).

> En cuanto a la posesión del contenido académico considero que es el adecuado por parte de los formadores, cada uno tiene un amplio dominio en el tema. La NEM es algo nuevo y desconocido para todos es algo que tanto como normalistas estamos aprendiendo con nuestros formadores todo lo relacionado a la NEM. (Estudiante de quinto semestre, comunicación personal, diciembre de 2023).

> Solo en una materia considero que sí se ha relacionado con la NEM porque consiste en las prácticas, pero las demás todavía no les encuentro relación. (Estudiante de séptimo semestre, comunicación personal, diciembre de 2023).

> No, solamente de nuestro maestro de prácticas, quien ha sido el único maestro que nos ha adentrado más en este tema de la NEM, porque es quien está relacionado a nuestra práctica en las primarias. (Estudiante de séptimo semestre, comunicación personal, diciembre de 2023).

Estos estudiantes de quinto semestre tienen la idea de que la NEM es algo nuevo y desconocido para los profesores, pero como ya se ha comentado, es nuevo porque ha transformado la lógica del arbitrio cultural de los planes y programas de estudios de educación básica que tradicionalmente se han puesto en marcha en el país, centrados en una lógica acrítica, reproduccionistas, que buscaban formar para el trabajo, sujetos obedientes con conciencia práctico-utilitarias, sin embargo, entrar en un enfoque crítico y que dé la importancia que tiene el docente, trastoca las certezas con las que hemos operado tradicionalmente.

Por otro lado, los estudiantes tienen la idea, no solo aquí sino desde que ingresan a la escuela, de que, si no se relaciona con la práctica o si no los apoya en la práctica, el contenido académico carece de sentido, no se ha generado la idea de una formación duradera que, si bien se incluya en el *habitus*, les permita asumir un posicionamiento ante el conocimiento y ante la realidad.

> La posesión del contenido académico por parte de los formadores en una escuela normal es fundamental. La nueva escuela mexicana busca una educación más integral, con un enfoque en competencias y habilidades. Los formadores se encuentran en capacitación para tener un profundo conocimiento de los contenidos para impartir una educación de calidad y preparar a los futuros docentes de manera efectiva. Además, al integrar prácticas pedagógicas innovadoras y relevantes, se alinea con los objetivos de la nueva escuela mexicana, que promueve métodos de enseñanza más dinámicos y centrados en el estudiante. (Estudiante de séptimo semestre, comunicación personal, diciembre de 2023).

Para esta es alumna normalista el contenido académico es fundamental para su formación, por ello, los docentes de la escuela normal deben tener un dominio, un posicionamiento categórico conceptual claro sobre lo que están trabajando en el aula. Hay claridad sobre la educación integral que busca la NEM, pero hay confusiones sobre el enfoque por competencias, porque con la NEM se da más sentido a las capacidades que poseen los niños, es regresar un poco a las necesidades básicas de aprendizaje.

Ciertamente, los docentes formadores también están en procesos formativos sobre le NEM, además, en muchos está la capacidad de autogestión del contenido y se han estado preparando de forma permanente tanto en el enfoque crítico, en la perspectiva humanista y en el ámbito comunitario, desde referentes teóricos no solamente del plan y programas de estudio de la NEM, sino de la teoría que respalda toda la propuesta curricular. Otro comentario:

> Aun no logro descifrarlo, como viene siendo algo "nuevo" la NEM, también es nuevo el conocimiento que se tiene de la misma. Por ello, siento que ambos (profesores y normalistas) nos estamos apenas acostumbrando y poniéndonos al corriente con el nuevo plan. Sin embargo, por lo poco que hemos trabajado con él, si se ha podido tener las nociones básicas de lo que se pretende trabajar con la NEM. (Estudiante de séptimo semestre, comunicación personal, diciembre de 2023).

De nuevo la idea de la novedad de un plan de estudios, sin embargo, como ya se ha dicho, lo nuevo está en que representa una nueva lógica de formación para el país, lo cual ha generado diversas posturas, para quienes no es claro del todo tal vez es ilógico el planteamiento, pero quienes tienen el fundamento necesario seguramente han encontrado la lógica sin mucho problema. Al ponerse al corriente con el nuevo plan, es posible pensar cómo al haber tenido una formación tradicional, por supuesto que se da la impresión de entrar en algo completamente nuevo y eso genera duda y confusiones. Más expresiones de estudiantes:

> En algunos maestros sí observo dominio de ese tipo de contenidos, pero en otros no. (Estudiante de séptimo semestre, comunicación personal, diciembre de 2023).

> Siento que la NEM es un tema nuevo para todos, se nos trata de involucrar a lo máximo para relacionarnos con estos nuevos contenidos, pero al fin de cuentas es un aprender a aprender. Estamos en constante aprendizaje ambas partes. (Estudiante de séptimo semestre, comunicación personal, diciembre de 2023).

> La verdad es que aún todo esto es muy nuevo, seguimos en estado de adaptación, y hay mucha incertidumbre de cómo llevarla a de la mejor manera. sin embargo, considero que se está haciendo el esfuerzo, buscando entenderlo y a su vez

enseñando a los niños. (Estudiante de séptimo semestre, comunicación personal, diciembre de 2023).

Como ha sido el caso de comentarios dentro de este trabajo y de otros que hemos realizado con anterioridad, es común que se hable de docentes formadores comprometidos con el contenido académico y con la práctica, sobre todo porque en las actividades del aula, las percepciones de los estudiantes son muy similares, "hay quienes saben otros que no saben mucho", ahora con la NEM no cambian mucho las percepciones, porque los estudiantes como ven un proyecto educativo nuevo, tal vez con ello tienden a medir lo que saben o no los formadores.

"Aprender a aprender" parece vincularse a entender lo nuevo a aprender lo que les cuesta trabajo entender a los formadores de docentes o que tal vez les hace falta profundizar en el estudio para llevarlo a la práctica dentro del salón de la escuela normal. Lo que sí es una realidad es que tanto estudiante de la escuela como docentes están en aprendizaje continuo, independientemente de que haya una nueva propuesta curricular, sea lo más novedoso que sea, porque en la cotidianidad del ser, maestros en formación y formadores jamás dejan de aprender.

Posturas sobre el conocimiento de la NEM

Con respecto al posicionamiento de los estudiantes con respecto a la NEM, aquí se plantean sobre todo los comentarios de alumnos de quinto y séptimo semestres, toda vez que lo de tercer semestre no tuvieron opiniones al respecto o aseguran que no tiene ideas claras sobre lo que representa esta nueva propuesta de trabajo para la escuela básica, incluso manejan el término neutral, en el sentido de que no tienen comentarios ni a favor ni en contra sobre la NEM, tal vez pensarán en el sentido en que es una propuesta acorde a la realidad actual y va a mejorar la educación en el país o todo lo contrario, por ello, al no tener los referentes claros, no se atreven a dar comentarios con fundamento. Una estudiante sostiene:

> Me parece un sistema interesante pero que desafortunadamente, los resultados que he podido apreciar con estudiantes de diferentes grado y niveles educativos, la realidad es que el alumnado está presentando un gran rezago académico. En el caso de los primeros grados la lectoescritura no se vio para nada beneficiada y los grados más grandes carecen tanto de comprensión lectora como de cultura general. Desde mi parecer, la NEM no se ha sabido implementar debidamente y los maestros se encuentran desorientados sobre qué rumbo seguir y cómo jerarquizar lo que los niños deben aprender mediante los proyectos. (Estudiante de quinto semestre, comunicación personal, diciembre de 2023).

Esta estudiante de quinto semestre asume cómo la NEM ha descuidado los contenidos académicos y los niños no aprenden como debería de ser, esa es una idea que también manejaron algunas televisoras nacionales, porque había un conflicto que politizaron e hicieron mala propaganda al nuevo modelo educativo. Posiblemente no ha quedado claro el planteamiento de un modelo integrado, donde el contenido académico no se presenta a los alumnos de forma parcelada, sino como un todo, por ello el trabajo con campos formativos.

Tal vez las nociones del sentido común siguen dominando la conciencia de quienes pensamos que todo debe de ser como se enseñaba y aprendía de manera tradicional. Por otro lado, la influencia de algunos formadores también tiene cierto peso sobre las opiniones de los estudiantes, porque circula la idea de que los docentes de la escuela básica no tienen claro sobre la NEM, están muy confundidos, lo cual también surge de ideas del sentido común.

Ideas emanadas de lo que se piensa solamente, porque desde la escuela normal, el vínculo se da por medio de los alumnos normalistas, cuando se supervisa prácticas y no por estar cotidianamente trabajando con los profesores que sí están viviendo la reforma de la NEM.

> Al ser una innovación, siempre hay inseguridad e incertidumbre sobre la eficacia de este modelo, sin embargo, considero que después de leer la propuesta y haber aplicado planeaciones didácticas siguiendo estas metodologías, encuentro interesante y valioso que la NEM aborde temas basados en problemas actuales y cercanos al entorno del alumnado, que el equipo docente haga adecuaciones en un plan analítico donde se identifiquen las necesidades particulares de los alumnos, y presiento que en un tiempo, la comunidad educativa se acostumbrará a este cambio. Aunque, por otro lado, me parece indispensable abordar temas de pensamiento matemático con mayor profundidad, lo cual no se observa en este nuevo plan. (Estudiante de quinto semestre, comunicación personal, diciembre de 2023).

El comentario de este estudiante parece retomar cómo la NEM tiene bondades como partir de la realidad más próxima del alumno y sobre el contexto actual, sobre el momento histórico que estamos viviendo. Sin embargo, sigue no quedando claro la integralidad del contenido académico, porque se sigue pensando en asignatura como la de matemáticas y no se ha entendido que, en los capos formativos, y por lo tanto en el diseño y ejecución de los proyectos, está implícito y explícito el contenido científico de todas las áreas del conocimiento, sólo falta que los profesores asuman esta parte como esencia del trabajo por proyectos.

En esta lógica, fomentar que los profesores sean diseñadores y no reproductores de un currículo y de los contenidos académicos, es otorgar la confianza en los docentes, ampliar su margen de acción en los roles que cotidianamente viven como agentes activos, tal vez al principio puede haber ciertas resistencias como normalmente ocurre con docentes y cualquier ser humano, pero lo importante es que se ha generado un cambio y los profesores de la escuela básica y por supuesto de las escuelas normales participan en el codiseño.

> En cuanto al conocimiento teórico, estoy comprometido a comprender a fondo los principios pedagógicos y las teorías educativas que respaldan la Nueva Escuela Mexicana. Esto incluye estar al tanto de las últimas tendencias en educación, así como comprender las necesidades específicas de los estudiantes.

> Por otro lado, valoro la importancia del conocimiento práctico y la implementación efectiva de las políticas educativas propuestas. Esto implica traducir los principios teóricos en estrategias pedagógicas tangibles, adaptadas a las características y contextos de mis alumnos. Estoy comprometido a utilizar enfoques innovadores que fomentan el pensamiento crítico, la colaboración y la creatividad. (Estudiante de quinto semestre, comunicación personal, diciembre de 2023).

El comentario de este alumno normalista, respecto a la teoría en su proceso formativo, hoy que hay una reforma llamada NEM, le da una idea clara que tener un fundamento en lo que se está trabajando, en un reforma es asumir un posicionamiento claro sobre la teoría, cosa que parece poco común entre los estudiantes normalistas, porque no es común que se expresen de la teoría como una posibilidad para formarse, siempre parece estar ese fantasma difuso de la teoría que poco se toma en cuenta en la formación de docentes.

Este mismo estudiante da un peso importante a la práctica, porque su formación se tendrá que traducir en el ejercicio de la docencia, sin embargo, si no hay un sustento sólido, esa práctica queda sólo en la empiria, sin teorías implícitas que la respalden, además, estar consciente de la necesidad de innovar de forma permenente también abre la posibilidad de no estancarse con una práctica de reproducción interminable como lo hacen muchos formadores de docentes y que exigen prácticas exitosas.

> Relativamente es algo que no esta tan claro para todos y muchas veces depende la propia perspectiva de quien lo vive, pero considero que es injusto pedirles a los formadores que nos resuelvan la duda cuando realmente es el plan de estudios el que presenta algunas deficiencias. (Estudiante de quinto semestre, comunicación personal, diciembre de 2023).

> Me parece algo nuevo, en la teoría es notable que apunta al trabajo y experiencia docente, sin embargo, es confuso dado que somos nuevos tanto en el programa como en lo laboral, no tenemos experiencia docente, y eso es contradictorio. (Estudiante de séptimo semestre, comunicación personal, diciembre de 2023).

> Ha sido complicado, puesto que por un lado tienes la teoría, que, si bien no es del todo claro, hay muchos conceptos que puedes entender rápido, lo difícil es la práctica, donde todos dicen que se apuesta por la experiencia docente, sin embargo, no somos docentes y nunca hemos estado de frente con la vida laboral por completo. (Estudiante de séptimo semestre, comunicación personal, diciembre de 2023).

Las confusiones que pudieran tener los estudiantes normalistas con respecto a la nueva propuesta educativa de la escuela básica, posiblemente es porque aún no la conocen bien, porque por un lado se ha trabajado mínimamente con ella dentro del aula y aún no tienen claro los fundamentos y la manera de trabajar los proyectos, incluso, la idea de un currículum integrado aún no es común para ellos, es posible decir que ni para muchos formadores de docentes.

La "teoría" abrevada durante el proceso formativo en la escuela normal, posiblemente no encaja del todo con la NEM, porque estos estudiantes eran de séptimo semestre, ya están en octavo y su plan de estudiaos, con el cual se han ido formado es el 2018, centrado en un enfoque por competencias, sin duda esto contrasta con el planteamiento de la NEM, porque implica un enfoque crítico, humanista y comunitario, centrado en las capacidades del ser humano, las competencias fue un mal proyecto de la tradición neoliberal, con un toque de tipo conductista, por ello, en la NEM no tiene cabida. Otros estudiantes refieren:

> Me parece que los temas que se manejan en este nuevo plan de estudios son adecuados y, sobre todo, me agrada que se desarrollen por proyectos, ya que es una manera más fácil de desarrollarlos y hacer que los alumnos se interesen porque están relacionados con cosas que ellos conocen y les llaman la atención. (Estudiante de séptimo semestre, comunicación personal, diciembre de 2023).

> Es un reto todavía muy grande para mí, pero ya no me parece algo desfigurado como al principio. Considero que poco a poco he podido darle forma y he intentado estar leyendo los documentos por parte de SEP. (Estudiante de séptimo semestre, comunicación personal, diciembre de 2023).

El primer comentario sostiene cómo el trabajo por proyectos permite al alumno partir de la realidad, sobre todo porque el enfoque comunitario insiste en la realidad más próxima del niño para aprender, porque el contenido científico es claro que es universal, no se deja de lado, al contrario, los campos formativos también desarrollan las capacidades al respecto, pero se parte de la realidad más cercana y familiar de los niños.

En esta misma lógica, el segundo comentario alude a los retos que pueda representar para el nuevo maestro, o como en este caso para el maestro en formación. Ya no le parece tan difícil de entender, porque cuando los profesores empezaron a formarse en aquello en lo que se está trabajando o en lo referente a la propia práctica, por supuesto que no causará menos problemas entender la lógica de los nuevos planteamientos como la NEM.

No cabe duda cómo la lectura de textos para profundizar en lo que se está trabajando también ayuda sobre manera para familiarizarse con el contenido, con los campos formativos como propuesta integral o definitivamente con el sustento de los enfoques para poder entender y operar las propuestas de trabajo.

> Asumo una postura integradora ante el conocimiento, tanto teórico como práctico, sobre la nueva escuela mexicana. Lo que implica comprender las bases teóricas de la educación y, al mismo tiempo, enfocarse en la aplicación práctica de los principios de la nueva escuela mexicana en situaciones educativas reales. La combinación de teoría y práctica permite apropiarse de habilidades sólidas y una comprensión profunda de cómo adaptarse a los cambios en el ámbito educativo. (Estudiante de séptimo semestre, comunicación personal, diciembre de 2023).

> La NEM es crucial tanto teórica como práctica, ya que busca revitalizar la educación en México. Desde una perspectiva teórica, promueve enfoques pedagógicos innovadores para mejorar la calidad educativa. En el ámbito práctico, se enfoca en desarrollar habilidades relevantes para la vida, preparando a los estudiantes para los desafíos del mundo actual. Este nuevo plan nos permite trabajar de una manera más libre con los contenidos planteados y eso me gusta ya que puedo ser más creativa e innovadora. (Estudiante de séptimo semestre, comunicación personal, diciembre de 2023).

> Postura positiva, ya que me resulta favorecedor y práctico el desarrollo del trabajo mediante proyectos, así como también la evaluación pensada en las capacidades particulares de los alumnos, la búsqueda de aprendizaje significativo y contextualizado, sin embarco considero hay algunos contenidos esenciales que tienen poca presencia, me parece que durante el trabajo práctico puedo llegar a ampliar mi perspectiva. (Estudiante de séptimo semestre, comunicación personal, diciembre de 2023).

En estos comentarios, el primero da una clara idea de cómo el posicionamiento integrador ante una realidad planteada en el currículum de la NEM ya empieza a formar parte del argot y por qué no decirlo, de las teorías implícitas del estudiante. La realidad toma otro curso, porque la NEM tiene su inicio allí, los niños dentro de la escuela básica parten de conocimientos emanados de la realidad más próxima, de su cultura. Esto también impacta en la formación de los estudiantes de la escuela normal, porque en esa idea de Morin (1990), la religación en bucle les regresa la formación al mismo tiempo que están ejerciendo una práctica en las escuelas, por ello, hablar de un currículum integrado, es entender cómo la realidad es una categoría de totalidad desde la cual aprender en su complejidad.

En el segundo comentario la estudiante habla de nuevos enfoques pedagógicos de la NEM, sin embargo, esto es relativo, porque son nuevos en el sistema educativo de nuestro país, porque es evidente cómo de forma tradicional se han manejado enfoques replicados de otros países y no siempre son los mejores; ejemplo de ello es el enfoque del currículum anterior, mismo que se fundamentaba y sostenía a las competencias como el centro del trabajo en el proceso formativo. Enfoque ya probado en los sesenta en Estados Unidos y con el fracaso que también se vislumbraba en México y en otras partes del mundo. Además, el concepto de calidad se ha ido transformando hacia la búsqueda de la excelencia, algo en permenente construcción.

Para el tercer comentario, le representa una postura positiva, porque para el estudiante, el trabajo por proyectos es favorecedor y práctico, posiblemente porque al integrar el conocimiento y trabajarse por proyectos, aunque implica pensar sobre el contenido, hay una globalización, no balcanización del contenido académico y los estudiantes normalistas pueden ser creativos en sus planes de clase y puesta en práctica de estos. Además, da peso importante a la evaluación porque está "pensada en las capacidades particulares de los alumnos, la búsqueda de aprendizaje significativo y contextualizado", es decir, una evaluación auténtica. Además:

> Considero que es fundamental el conocimiento teórico y práctico de la NEM, pues es lo que estamos trabajando en las primarias y adquirir conocimientos de esto es importante para poder adaptarnos y realizar nuestras prácticas con buenos resultados. (Estudiante de séptimo semestre, comunicación personal, diciembre de 2023).
>
> En ambos me considero nueva. Considero que en este momento domino un poco más la teoría que la práctica. Se lo que debo hacer y tengo una idea de cómo hacerlo, como ejecutar la planeación y como planearla, pero muchas veces suceden imprevistos en el aula que retrasan el cumplimiento de proyectos, así que me sigo adaptando a ello. (Estudiante de séptimo semestre, comunicación personal, diciembre de 2023).

Tener claridad sobre los fundamentos de la NEM es un imperativo en este proceso formativo en la escuela normal, por ello es importante que lo reconozcan los estudiantes, que efectivamente sientan que no todo es práctica, que la empiria por la empiria no forma totalmente, es necesaria la teoría para desarrollar una formación total y compleja como implica el trabajo de enseñar, se debe borrar la idea que se manejaba en el sexenio anterior de que cualquiera puede ser maestro y no tiene complicaciones, eso llevó a devaluar enormemente la función social y académica de los maestros de México.

Por otro lado, asumir que se tiene más teoría que práctica requiere la reflexión del proceso formativo en la escuela normal. No es tan común asumir poseer la teoría como dominante sobre la práctica, habría que ver hasta qué punto se considera teoría los referentes que se tienen sobre las ciencias de la educación, lo que finalmente permite tener un posicionamiento claro, sobre todo si se es crítico ante la realidad y ante el conocimiento, esto porque incluso docentes formadores con muchas experiencias de lo que más carecemos es de teoría y en consecuencia de una postura ante el conocimiento, por ello se reproducen recortes de textos y no racionalidades contenidas en el herramental categórico conceptual.

Contenido del formador sobre la NEM

Como bien sostiene Sara Delamont (1984), el contenido académico es la fuente del poder del maestro, pero también su talón de Aquiles; contenido que de forma cotidiana trabajamos con los estudiantes en la escuela normal. Y no podría ser de otra manera, porque en la interacción didáctica y sobre todo de la llamada estructura didáctica, el centro del hacer es el contenido académico.

En esta lógica, el contenido es una parte fundamental dentro de las instituciones educativas y partiendo de que se reproduce un plan y programas de estudio, donde aun cuando se trabajó por competencias en los currículos del sexenio pasado y todavía en parte de este, el contenido sigue siendo parte integrante del currículo; no hay posibilidades de trabajarse si no existe el contenido, por ello, es importante saber qué se hace al respecto con la NEM. Sobre ello, algunos comentarios rescatados de los estudiantes si consideran que los formadores tienen claro cierto contenido sobre la NEM, por ello se presentan a continuación:

> Sí, pues al final del día nos venimos a enfrentar a las prácticas en las primarias donde debemos adaptarnos a la realidad, por lo que resulta necesario el contenido que nos puedan compartir durante nuestra estadía en la normal. Considero que hasta el momento ha sido de ayuda y apropiado, respondiendo a muchas inquietudes que al inicio nos surgieron. (Estudiante de Quinto semestre, Comunicación personal, diciembre de 2023).

Desde esta opinión, los profesores formadores tienen los referentes necesarios para trabajar el contenido de la NEM, aunque esto se da cuando hay dudas en los estudiantes, no es posible por ello entender hasta dónde ese contenido es apropiado o si está cargado de ese matiz "anti-amlo" que ha caracterizado a docentes que no comulgan con las ideologías del gobierno federal actual, hay oposición por la oposición en muchos casos, lo cual se ve reflejado en la manera en la cual se aborda el contenido del nuevo modelo educativo.

La crítica es muy importante, sobre todo para quienes forman docentes y para los docentes en formación, pero esa crítica requiere de una racionalidad, un posicionamiento con referentes, con el fundamento necesario para incluso aportar a la mejora a partir de esas críticas.

> Siento que sí. Nos han enseñado hasta ahorita lo fundamental, sin embargo, considero que se podría profundizar más conforme avancemos en nuestra formación. (Estudiante de Quinto semestre, Comunicación personal, diciembre de 2023).

En este comentario, el alumno normalista asume cómo los formadores de docentes, como maestros de la escuela normal, han "enseñado" lo suficiente para entender el enfoque de la NEM; sin embargo, por esa idea de que ha sido muy súbita esta reforma, no se ha profundizado mucho en los contenidos, además, los estudiantes de quinto semestre representan la última generación del plan de estudios 2018 de la formación de maestros, ellos se siguen formando por competencias y en cierto modo han tenido que entender la lógica de las capacidades de la NEM, lo que les ha permitido también entender que se han formado para enfrentar cualquier reforma educativa.

> Sí, considero que el contenido académico proporcionado por los profesores de la escuela normal en relación con la Nueva Escuela Mexicana es altamente apropiado y beneficioso para mi formación como futura docente. Sin embargo, existen docentes que no siguen el temario del plan de estudios y emplean solo temas de su interés, a pesar, de no encontrarse entre aquellas temáticas que deberíamos aprender. Es ahí cuando considero que el contenido ya no es tan apropiado para nuestra formación. (Estudiante de Quinto semestre, Comunicación personal, diciembre de 2023).

En cuanto al conocimiento de la NEM la alumna normalista tiene una buena percepción del dominio de los formadores, sin embargo, sobre el desarrollo del plan y programas de estudios 2018 hay cierta incomodidad porque asume que hay docentes formadores que no toman los programas como la guía en sus procesos formativos, tal vez trabajan otros textos que "ya se saben" o lo que consideran mejor para los estudiantes, lo cual no significa que sea así. No obstante, si la formación redunda en los estudiantes de manera positiva, posiblemente eso es de mayor importancia que reproducir un programa.

> Considero nosotros como alumnos de último año, tuvimos poca oportunidad de enfocarnos en el contenido teórico más a detalle, mayormente los aspectos relacionados a la NEM se están desarrollando en la misma práctica. No obstante, considero los acercamientos que tuvimos con contenidos respecto a la NEM en la escuela normal fueron positivos. (Estudiante de Séptimo semestre, Comunicación personal, diciembre de 2023).

Si, como lo vengo comentando cada formador nos da su punto de vista y nos planeta situaciones reales que ellos viven en el día a día en su salón de primaria, por lo cual considero que son detalles que nos ayudan a salir adelante y llevar un poco más de conocimiento práctico a las aulas. (Estudiante de Quinto semestre, Comunicación personal, diciembre de 2023).

Lo que expresa el primer comentario, tiene lógica, aunque no se haya visto de esa manera, porque ellos estaban en quinto semestre cuando apenas se estaba bajando la información a las escuelas normales referente a la NEM, sin embargo cuando llegó, fue muy difícil realizar esa transposición didáctica (Chevalard,1998) porque había docentes que no estaban de acuerdo con esta reforma, incluso quienes asumían que no se pondría en marcha porque había un asunto legal que lo impedía.

Por otro lado, cuando estos estudiantes estaban en el séptimo semestre, en el transcurso se encontraron con las malas políticas hechas sobre la reforma y los libros de textos, porque las televisoras nacionales, por asuntos políticos y económicos desvalorizaron la propuesta, el enfoque, los libros de texto e incluso el enfoque crítico y comunitario y descrédito al gran pedagogo Paulo Freire. Algunos formadores se puede llamar conservadores cayeron en estas posturas falaces y como cualquier persona del vulgo se dejó llevar por la propaganda de quienes buscaban desacreditar al gobierno federal y sus programas. Aun así, el alumno normalista asume cómo el acercamiento a la NEM y su contenido fue muy positivo, sobre todo cuando asumieron la práctica docente.

Por otro lado, aun con los comentarios y posicionamientos encontrados con la NEM permite a los estudiantes de la escuela normal reflexionar sobre puntos de vista, asumir la crítica y tomar de la propuesta lo mejor de ella.

En las clases que he tenido, solo algunos maestros nos han hablado más en profundidad sobre la NEM y creo que lo que hace falta es que se enfoquen un poco más en la práctica real de este nuevo plan de estudios, cómo planear, como vincular los campos formativos, como adaptar los proyectos al contexto escolar, etc. (Estudiante de Séptimo semestre, Comunicación personal, diciembre de 2023).

Propiamente solo hemos visto cosas relacionadas al tema en el curso de práctica y gestión, pero lo que se ha visto en esos dos cursos si ha sido apropiado. Ya que en práctica vimos un poco la metodología por proyectos, resolución de algunas dudas en lo general y en gestión fue más ver el desarrollo de un PEMC desde esta nueva perspectiva que favorezca el ambiente de la Institución en la que nos

> encontremos. (Estudiante de Séptimo semestre, Comunicación personal, diciembre de 2023).

Aunque algunos estudiantes asumen cómo ciertos docentes formadores les han hablado (aunque se tendría que haber analizado desde los textos) sobre la NEM, difícilmente nos enfocaremos sobre la práctica porque para la mayoría de los formadores, el planteamiento es nuevo, pero además, tenemos muchos años de estar retirados de las aulas de educación básica, algunos más de 30 años; por ello las prácticas no coinciden con los planteamientos actuales, se opera con la empiria o con referentes otorgados por los textos que se leen.

Quienes trabajan sobre el tema de la NEM es porque hay cierta preocupación en la formación permanente propia pero también por aportar a la formación de los estudiantes. Es claro que el compromiso no es el común de todos los formadores, existen los docentes poco preocupados por los nuevos programas, siguen enquistados en la cultura tradicional, eso también lo perciben los estudiantes de la escuela normal. Llega el siguiente comentario:

> Sí, es apropiado que los profesores de la escuela normal posean un contenido académico relevante sobre la nueva escuela mexicana para la formación. Pues me permitirá recibir una educación alineada con las políticas y enfoques actuales en el ámbito educativo mexicano. La comprensión profunda de la nueva escuela mexicana proporcionará a los futuros docentes las herramientas necesarias para enfrentar los desafíos contemporáneos y contribuir positivamente al sistema educativo. (Estudiante de Séptimo semestre, Comunicación personal, diciembre de 2023).

Para este alumno de la normal, los profesores formadores tienen que poseer un conocimiento sobre las reformas, en este caso de la NEM, no asegura que lo tengan, pero sí es necesario tener claros esos referentes, porque aun cuando algunos o muchos estén en contra de las políticas del presidente o más bien no caiga bien, con animadversión incluso odio hacia él, no significa que no se estén haciendo bien las cosas. Antes era impensable hablar de una escuela crítica y algunos olvidados como Bourdieu, Freire, Apple, Giroux, McLaren, Carr, Kemmis entre otros, o tal vez nunca lo hicimos. Finalmente agregamos este comentario:

> Con las jornadas de práctica tan cerca, me parece que es importante que se nos explique con mayor detenimiento la información correspondiente al proceso de planificación y evaluación, puesto que, durante los primeros semestres, se nos ha enseñado sobre el Plan de Estudios que ya no está

> vigente, por lo que necesitamos esta actualización. (Estudiante de Quinto semestre, Comunicación personal, diciembre de 2023).

La preocupación está en función de la falta de información sobre la NEM, porque como ya se mencionó arriba, el plan de estudios 2018 contempla el enfoque por competencias, lo cual ya no es vigente en la escuela básica. Sin embargo, como estudiantes de la escuela normal, no se puede esperar a que se explique sobre la NEM, la planeación, evaluación o enfoques y fundamentos, es parte del proceso de análisis y trabajo académico dentro de la institución, es cierto, pero no platicarse al respecto, se tiene que ver como parte de los contenidos, aun cuando no se contemplen, porque es lo que hay guste o no.

Participación en la construcción del conocimiento desde la Nueva Escuela Mexicana dentro de la BENU y fuera de ella

De alguna forma los estudiantes normalistas van generando sus construcciones, sus referentes sobre el campo educativo, la escuela, la educación, la gestión, las prácticas y por supuesto sobre currículum. De allí la importancia de conocer cómo se han ido incorporando en los enfoques, conceptos y fundamentos de la NEM, cómo han contribuido a construir sus conocimientos desde la nueva propuesta educativa, aun cuando está centrada en una pedagogía crítica y quienes se están formando en el plan de estudios 2018 lo hacen por competencias, hay cursos que definitivamente abordan la pedagogía crítica y textos referentes al enfoque de la NEM porque esta es nueva para la nación, pero no para el mundo.

La influencia de los formadores puede ser crucial, porque es el otro significante que tienen a mano. Aquí a veces las ideologías marchan contracorriente porque no estar de acuerdo con el gobierno actual entorpece la percepción sobre esta propuesta educativa, no se entiende el enfoque se ve quien la propone y eso choca definitivamente con la ideología, a veces o casi siempre se niega que tenga acento ideológico, pero eso es lo que más obstaculiza el trabajo con "lo nuevo", es lo que determina si se acepta o no un planteamiento curricular como este, además dejarse llevar por las disputas políticas que "marean" al vulgo, parece imposible de creerse que pase en la comunidad académica de la escuela normal, pero pasa sin lugar a dudas.

> Participo llevando a cabo los planos didácticos para la preparación de mis clases, teniendo en cuenta el aprendizaje en comunidades de estudio. (Estudiante de Tercer semestre, Comunicación personal, diciembre de 2023).

> No aporto yo aprendo, pienso y reflexiono y de todo lo que escucho elijo lo que más me gusta/entiendo. (Estudiante de Tercer semestre, Comunicación personal, diciembre de 2023).

> Dentro de la BENU podría decir que muy poca debido a que no suelo participar mucho en clases, fuera de ella en la escuela primaria trato de aplicarla en el salón de clases. (Estudiante de Tercer semestre, Comunicación personal, diciembre de 2023).

Estos comentarios son de estudiantes de tercer semestre, por ello sus "reflexiones" están acotadas a lo poco que han vivido en su estancia en la escuela normal y en las prácticas en la escuela primaria, aún muy reducidas porque sólo llevan un semestre de acercamiento a la interacción con los grupos de la escuela primaria. Por ello, la idea de llevarlo al plano didáctico, eso implica cierto aporte, aunque en realidad la práctica se regresa a su formación.

Por otro lado, cuando dice “no aporto yo aprendo, pienso y reflexiono” tiene que ver con la forma en la cual se apropia de los conocimientos sobre la NEM, por ello, la reflexión es un indicativo de que no se aprehende el conocimiento de forma irreflexiva, acrítica. Además, si se acepta la crítica como parte del fundamento pedagógico de la NEM y del plan de estudios 2022 de la formación de docentes, se ha avanzado considerablemente sobre la construcción de conocimientos.

Las prácticas han sido un buen espacio para recuperar conocimientos sobre la NEM, porque desde la expresión del último estudiante, al no expresar sus ideas seguramente no aporta para otros, pero seguramente si hay aportes en él como estudiante y futuro profesor. Otro aporte:

> Principalmente por medio de la planeación e implementación de las secuencias didácticas que elaboramos para las escuelas primarias, pues ya somos los encargados de llevar a cabo como mínimo un proyecto a lo largo de nuestra jornada de prácticas. Dentro de la BENU diría que mi participación compete a las participaciones y debates que se dan dentro del salón de clases cuando compartimos nuestras dudas y puntos de vista; por otro lado, al entrar a practicar a la primaria nos damos un golpe de realidad puesto que vemos que la mayoría de las escuelas no poseen con un plan sintético, los maestros no planean pues no terminan de comprender cómo hacerlo bajo el nuevo formato y que los niños terminan confundidos por la organización del proyecto sobre lo que vieron durante un lapso de tiempo. (Estudiante de Quinto semestre, Comunicación personal, diciembre de 2023).

La escuela de prácticas es un buen espacio para abrevar esos aportes, de apropiarse una formación desde la experiencia otorgada en la puesta en marcha de un plan de trabajo a través de proyectos. En la escuela normal, el debate, la participación, el diálogo académico lleva a aprehender la formación tanto desde la teoría como desde la opinión de los otros, aquí entra el cómplice como bien dice Mélich (1994), el extraño se vuelve cómplice y el vínculo con el otro y los otros son determinantes en la formación.

En la escuela primaria, lugar por excelencia de aprendizajes desde la práctica, los estudiantes encuentran ciertas resistencias en responsabilizarse del nuevo plan de estudios, o tal vez en efecto no han comprendido del todo el enfoque y el fundamento de la NEM. Pero eso es precisamente lo que lleva al ser a aprender, la duda, la confusión, la investigación y la creación como sostenía Carrizales (1986) se presentan cuando enfrentamos un problema y entender la lógica de la NEM por supuesto que moverá esquemas, porque implica un rol diferente a la enseñanza tradicional, el rol docente cobra relevancia, tiene mayor importancia. Seguimos con las opiniones:

> Dentro de la BENU, aprendo sobre la NEM principalmente cuando mis compañeros y yo planteamos preguntas particulares a los docentes, previo a las prácticas. Y dentro de la escuela primaria, es donde pienso que he construido con mayor fuerza el conocimiento referente a la Nueva Escuela Mexicana, puesto que durante la interacción con los alumnos y en la adecuación de las actividades es donde más he recurrido a los recursos teóricos y a preguntas a mi docente titular para mejorar mi intervención con este nuevo Programa de Estudios. (Estudiante de Quinto semestre, Comunicación personal, diciembre de 2023).

> En la escuela normal solo a través de las clases donde se nos han brindado diversas lecturas acerca de la NEM para reflexionarlas, ya sea a través de una exposición, resúmenes o participaciones en plenaria. En la escuela primaria, lo hago a través del análisis de los libros y sus proyectos cuando debo hacer una planeación y aplicarla; sin embargo, considero que faltaría hacer una inspección más detallada sobre las metodologías para comprender mayormente esta nueva reforma. (Estudiante de Quinto semestre, Comunicación personal, diciembre de 2023).

En estos dos comentarios se observa cierta coincidencia en cómo la escuela normal, a través de los profesores y el diálogo sostenido en el aula son dos formas importantes que posiblemente dan el análisis de los textos y esa interacción donde el contenido académico está en el centro de la discusión. Además, en la escuela primaria se complementa esa formación y adquiere más peso porque se conjugan la teoría y la práctica, aunque posiblemente la parte teórica es la que menos se toma en cuenta o se profundiza en ella.

Sobre lo anterior, seguramente es complicado para que los profesores en servicio retomen la formación a través de los textos de la escuela crítica, por ejemplo, porque implica volver a la teoría que fundamenta el hacer en al escuela primaria. A los estudiantes de la normal no les cuesta tanto trabajo porque están viviendo una educación formal, pero los profesores se tienen que formar en el servicio, sobre todo autodidácticamente o en trabajo colegiado, la simulación a veces es una mala consejera y más que no entiendan y estén confundidos, tal vez cuesta trabajo volver a retomar la formación, leer, analizar textos, comprender para realizar una transposición hacia su realidad. Otras expresiones:

> Dentro de la BENU, estoy aprovechando las oportunidades de formación continua que ofrece la institución para actualizarme sobre los principios y enfoques pedagógicos de la Nueva Escuela Mexicana. Además, colaboro activamente con mis compañeros para intercambiar ideas y experiencias, construyendo colectivamente estrategias efectivas para la enseñanza. (Estudiante de Quinto semestre, Comunicación personal, diciembre de 2023).

> Fuera de la BENU, en el entorno de la escuela primaria, busco aplicar los principios de la Nueva Escuela Mexicana en el diseño de mis lecciones y en la interacción diaria con mis estudiantes. Fomento un ambiente inclusivo que celebra la diversidad y promueve la participación activa de los alumnos en la construcción de su propio conocimiento. (Estudiante de Quinto semestre, Comunicación personal, diciembre de 2023).

Aquí se manejan de forma diferenciada las dos posturas de los estudiantes anteriores, porque la formación en la escuela normal es importante, el trabajo colaborativo es trascendental en los procesos formativos, eso es importante que pase en la escuela normal. No todos los estudiantes aprovechan al cien por ciento lo que reciben en la normal o en cualquier tipo de escuela de educación superior.

Además, la escuela primaria se constituye en el otro espacio significativo de la formación del alumno normalista, allí ponen en práctica lo que aprenden en la escuela normal, pero también consolidan y aprenden nuevos conocimientos que tal vez en la escuela normal no vivieron. La realidad a la que van a enfrentar como docentes en servicio, de alguna forma la adelantan en la escuela básica, es allí donde practican lo que va a llegar a ser su rol como maestros.

> En la BENU, soy ese estudiante que trabaja en equipo e intenta dar respuesta a la problemática del docente, aunque en ocasiones un poco pasivo es mi actuar. En la primaria, tengo que ser ese motivador que ayude a los niños a encontrar respuestas de sus problemáticas en su día a día. (Estudiante de Séptimo semestre, Comunicación personal, diciembre de 2023).

> Aunque no ocurra del todo como lo planteo, como estudiante, debería de participar activamente en la construcción del conocimiento desde la nueva escuela mexicana dentro y fuera de la escuela normal y en la escuela primaria. Dentro de la escuela normal, debería haber la oportunidad de que los alumnos se

involucren en discusiones, proyectos y actividades que promuevan los principios de la nueva escuela mexicana. Fuera de la escuela, puedes aplicar lo aprendido mediante prácticas educativas innovadoras durante tus experiencias de enseñanza en la escuela primaria. Además, compartir y colaborar con pares, participar en comunidades educativas y mantenerse actualizado sobre las tendencias en educación contribuirá a tu desarrollo como educador comprometido con la nueva visión educativa en México. (Estudiante de Séptimo semestre, Comunicación personal, diciembre de 2023).

En estos estudiantes de séptimo semestre, hoy de octavo, la formación en la normal es muy importante, aunque en ambos casos hay un reconocimiento de la falta de participación en las actividades escolares. Seguramente aportan más a la formación de los demás, pero eso no implica que no se hayan formado a partir del otro, la interacción produce intercambio de ideas, como docentes formadores esperan tener mucha participación de todos los alumnos de los grupos, porque eso enriquece el contenido académico y el desarrollo de capacidades.

Por otro lado, es importante también reconocer que en la escuela primaria se aprende de los profesores, de los niños y de la interacción didáctica, porque los encuentros con el otro dan sentido al trabajo del profesor, en este caso profesores en ciernes. La búsqueda de prácticas innovadoras, no tradicionales ni reproductoras es una forma de entender cómo estos alumnos normalistas buscan roles diferentes, innovadores, en constante búsqueda de un trabajo de la práctica centrado en la reflexión y en la crítica permanente. Además:

> Poniendo en práctica metodologías que permiten atender problemáticas dentro y fuera de la escuela primaria, así como también, reconociendo las características de los contextos relacionados con la escuela primaria, con el objetivo de elegir de forma adecuada los proyectos pertinentes y buscar estrategias que faciliten el tratamiento de las problemáticas a través del trabajo en clase. (Estudiante de Séptimo semestre, Comunicación personal, diciembre de 2023).
>
> Las acciones principales respecto a ello se desarrollan en la escuela primaria, tratando de ser un guía en el desarrollo de contenidos y temáticas en las que los alumnos se puedan desenvolver activamente y relacionarlos con su entorno o vida diaria, para ello es necesaria la construcción de secuencias didácticas pensadas en la situación contextual y de aprendizaje de los alumnos, siendo necesario en algunos casos el codiseño de algunos proyectos planteados o construcción de nuevas actividades. (Estudiante de Séptimo semestre, Comunicación personal, diciembre de 2023).

Para ellos, la escuela primaria es la principal fuente de aprendizajes sobre la NEM, los aportes a su formación están dados a partir de la práctica. Esto no es de extrañar, porque el rito a la práctica es común en la escuela normal, los profesores formadores admiten sus actividades académicas centradas en la práctica de los estudiantes ¿Cuándo van a ir a practicar? ¿Cuándo son los períodos de práctica? Son preguntas comunes de los formadores al inicio de cada semestre, por un lado, porque eso permite organizar el trabajo de los cursos y es importante reconocer cómo es una forma de evadir el trabajo como docente.

Los estudiantes, desde que ingresan a la escuela normal están esperando los períodos de práctica, ya quieren ir a las escuelas primarias o a los jardines de niños. Además, en el discurso de diversos profesores formadores, se valora más la práctica que cualquier otro tipo de formación. La idea del ser docente está muy vinculada con la práctica, a veces no se alcanza a dimensionar que es una parte de la formación. Los siguientes comentarios precisan más estas referencias:

> Tratando de adaptar los contenidos a la realidad educativa que se vive en la escuela primaria y, más específicamente, al contexto que viven los alumnos de mi salón para que así ellos puedan entender y apropiarse del conocimiento con mayor interés y facilidad. (Estudiante de Séptimo semestre, Comunicación personal, diciembre de 2023).

> Escuela primaria participando en reuniones de padres de familia, así como en el intercambio de ideas entre docentes en los CTE. Y en él aula de clases en ejecución de proyectos escolares que contribuyen a un mejor desarrollo de los educandos. (Estudiante de Séptimo semestre, Comunicación personal, diciembre de 2023).

> basándome totalmente en los PDA, ir de la mano con el programa y apostando por mi criterio para el conocimiento de los niños. en el libro es totalmente una herramienta estática, todo apunta a que debe ser uno el que imagine y realice todo desde cero. (Estudiante de Séptimo semestre, Comunicación personal, diciembre de 2023).

Las teorías implícitas abrevadas por estos estudiantes refuerzan la idea de la realidad de la práctica como el centro más importante de la formación de estos estudiantes y de lo que han ido construyendo sobre la imagen normal Vs primaria. Porque pareciera cómo el mayor conocimiento aprehendido se da en la primaria y no en la normal. Ciertamente estos estudiantes se han formado con un plan anterior a la NEM, pero como ya se ha señalado, en los diferentes cursos se analizan textos sobre la pedagogía crítica, el humanismo, el constructivismo y aquéllos referentes que deberían permitir la reflexión permenente sobre la práctica y por ello, en la búsqueda constante de la mejora como estudiantes y como docentes.

El trabajo directivo en el hacer cotidiano de la escuela normal en momentos de reforma de educación normal y de la Nueva Escuela Mexicana

La gestión institucional es una asignatura pendiente en la implementación de las reformas, esa es la impresión que se da al interior de la escuela normal, porque desde quienes dirigen los destinos de estas instituciones a nivel federal como en el estado y en la escuela hay un vacío que no hay manera de ver cómo se va a llenar. En el caso de la federación, los mismos políticos que defendieron los proyectos neoliberales del plan 2012 y 2018 siguen siendo quienes de pronto cambiaron y ahora están en una postura "crítica" sobre lo que ellos mismos representaban.

En el caso de la política estatal, las escuelas normales están prácticamente solas, no hay apoyos y como ejemplo está el asunto del llamado codiseño, un asunto abordado en apartados arriba; aquí la escuela normal realiza su propio trabajo o más bien los profesores, en la soledad y totalmente aislados, no porque quieran estarlo, sino que el trabajo del equipo de codiseño así lo ha dejado, sin un seguimiento, sin reuniones para tomar acuerdos y los representantes estatales sólo tienen el membrete y esos sí, en las reuniones nacionales están prestos para viajar en calidad de "representantes". Cada maestro formador hace su esfuerzo, en su casa, en espacios que tiene asignados, en otros momentos como las vacaciones, el caso es que estamos solos y no hay un acompañamiento, pero ¿Quién tiene la estatura académica y ética para realizar este apoyo? Ese es el dilema, hace falta un liderazgo académico que por supuesto en el estado y en la institución, desde la gestión no lo hay.

A nivel institucional el panorama no es muy diferente, porque en la impresión de los profesores no hay una gestión capaz de dirigir a la institución de forma apropiada, hay acuerdos y componendas entre los directivos y algunos docentes que han sido beneficiados de alguna u otra manera; ya sea porque son compensados o porque hay algún vínculo de tipo familiar que "amarra" ciertas acciones, actitudes y formas de actuar en la escuela. La mitad de esta no está de acuerdo ya con la gestión del director y su equipo (esto derivado de un ejercicio donde se votó si se iba o quedaba el director al frente de la escuela), la otra mitad fue conminado a votar a favor, por razones antes expuestas.

Lo cierto es que no hay un acompañamiento tampoco en el aspecto de la actividad académica, el codiseño y la micropolítica de la escuela siguen siendo espacios ausentes, falta el apoyo que seguramente nunca vendrá porque desde inicio se careció de ello. En esta lógica, es importante saber también la opinión de los estudiantes sobre sus percepciones en torno a la gestión, porque ellos viven día a día el trato, la relación con docentes y tal vez con los directivos, aunque esto es relativo, llega un nuevo director y se aísla inmediatamente, no solo de los estudiantes, también del personal y parecen esperar que la escuela se maneje sola, a control remoto.

> Siento que en general, hay un desfase entre lo que aprendemos ahorita en la escuela normal, con lo que realmente deberíamos saber para trabajar con la Nueva Escuela Mexicana, ya que, a otros alumnos (de nuevo ingreso) sí los han capacitado y a nosotros que vamos más avanzados no, siendo que estamos más próximos a egresar y ciertamente conocemos muy poco sobre la nueva reforma. (Estudiante de Quinto semestre, Comunicación personal, diciembre de 2023).

> En el contexto de la reforma, siento que el trabajo directivo en la escuela normal se vuelve aún más crucial para asegurar que las nuevas políticas y enfoques se integren de manera efectiva en la formación de los maestros. La adaptabilidad y la comprensión profunda de los cambios propuestos son esenciales para liderar de manera efectiva a la comunidad educativa. (Estudiante de Quinto semestre, Comunicación personal, diciembre de 2023).

El primer comentario hace referencia a los estudiantes del plan 2022, quienes han tenido un acercamiento desde inicio con la NEM, porque de alguna forma hay cierta armonización entre la formación de docentes y la NEM. Ta vez a la gestión institucional le hace falta centrarse más en lo académico y no en estar resolviendo problemas administrativos, de recursos para la escuela, dicen no hay recursos, pero hay mucho de ello que se paga (recursos propios) a docentes y administrativos, sobre todo en estos dos últimos años que se han contratado "sin ton ni son", fundados en el "amigazgo", el "compadrazgo" y no por capacidades o trabajos demostrados ante la comunidad normalista.

Cuando comentan: "En el contexto de la reforma, siento que el trabajo directivo en la escuela normal se vuelve aún más crucial para asegurar que las nuevas políticas y enfoques se integren de manera efectiva en la formación de los maestros." Es una percepción interesante la necesidad de considerar esto como crucial, pero a los directivos parece no afectarles ni de forma positiva ni de forma negativa que haya una reforma en educación básica, ellos están preocupados por administrar la escuela, ciertamente hemos tenido acercamientos a la NEM con algunos cursos, pero en la práctica quedan como cursos dados y no para impulsar el trabajo académico institucional. Otra perspectiva:

> Realmente es algo que no le prestó demasiada atención, pero por lo que se comenta por parte del personal docente y administrativos no se está haciendo un buen trabajo por parte del personal directivo de la institución. (Estudiante de Quinto semestre, Comunicación personal, diciembre de 2023).

Esta otra forma de pensar no se fundamenta en una percepción propia, sino que retoma las ideas de docentes y administrativos. Es decir, al no estarse haciendo un buen trabajo, no se está cumpliendo mínimamente con el rol directivo, porque no es solamente estar en sus respectivos sillones dejando pasar el tiempo, implica un rol o muchos roles, un posicionamiento o muchos sobre el hacer cotidiano, la búsqueda de la conformación de una comunidad de aprendizaje, lo cual está muy lejos de que pase. Aunque también puede verse en las opiniones cómo las percepciones sobre los directivos están más enfocadas sobre las relaciones y lo laboral, lo académico queda siempre a segundo término. Más expresiones:

> Considero que, como en toda institución educativa. hay aspectos en los que se puede mejorar. Se han presentado situaciones en la escuela donde no se ha actuado de la manera más oportuna, y han resultado situaciones desagradables para algunas personas. (Estudiante de Séptimo semestre, Comunicación personal, diciembre de 2023).

> Honestamente no siento el trabajo directivo de forma muy presente, no le presto atención quizá porque no es muy notorio a simple vista. (Estudiante de Séptimo semestre, Comunicación personal, diciembre de 2023).

> Es confuso, por un lado, quieren que hagas todo lo que te piden tal cual y por otro que hagas lo que mejor consideres, nadie se decide. (Estudiante de Séptimo semestre, Comunicación personal, diciembre de 2023).

El trabajo de la gestión es como cualquier otro, perfectible, pero eso parece no estar en el plan de desarrollo institucional, si es que hay. Las cuestiones desagradables que ocurren y no se resuelven, por supuesto que afectan el hacer académico y el vínculo con los estudiantes. Se han creado programas referentes al género, y a la de ética, pero parecen de membrete porque no se resuelven los problemas o las quejas que se han presentado, la tarea de estas instancias se ha resumido en crear protocolos que burocratizan la atención significativamente.

Para otros estudiantes, la presencia de los directivos no se advierte, la escuela parece funcionar con o sin directivos. El vínculo que sostienen los estudiantes es con los profesores principalmente, no es que tengan que convivir con los directivos, pero éstos tienen la oportunidad de establecer relaciones apropiadas, acercarse a los estudiantes no solamente cuando haya problemas, sino para tener acercamientos, acompañamiento al trabajo cotidiano de la escuela normal. La institución no es el edificio ni los 80 años que cumple, son las personas, la alteridad vivida cotidianamente, por ello, hace falta más la presencia de un liderazgo académico centrado en los directivos. Seguimos con los comentarios:

> Realmente desconozco que se está haciendo en la escuela normal por la parte directiva en cuanto a la reforma 2022, pero considero debería implicar adaptarse a cambios estructurales y pedagógicos. Los directivos deben liderar la transición hacia prácticas educativas innovadoras, apoyar a los docentes en su actualización y asegurar que la formación se alinee con los objetivos de la reforma educativa. Es un período desafiante pero crucial para garantizar una educación de calidad y la preparación efectiva de los futuros docentes. (Estudiante de Séptimo semestre, Comunicación personal, diciembre de 2023).

> Pues me parece bien, sé que estamos en un constante cambio, y que en algún punto todos nos sentimos perdidos. Pero si me gustaría que la BENU se preocupara más por los alumnos que estamos por egresar, que nos brinden más pláticas sobre la NEM, ya que nosotros ya debemos de trabajar con ella y no estamos teniendo tiempo de analizarla con calma, pues ya estamos en prácticas docentes. (Estudiante de Séptimo semestre, Comunicación personal, diciembre de 2023).

Al manifestarse: "Los directivos deben liderar la transición hacia prácticas educativas innovadoras, apoyar a los docentes en su actualización y asegurar que la formación se alinee con los objetivos de la reforma educativa", hay cierta claridad sobre las acciones que mínimamente tienen que realizar los directivos. El cambio para la mejora debe partir de un liderazgo académico presentificado en los proyectos directivos, de la gestión. El fracaso de las reformas o el éxito por qué no decirlo, en gran medida depende de ese liderazgo que se ejerza en las instituciones, porque si hay un liderazgo a nivel nacional también y sobre todo tiene que haber en las instituciones educativas.

En el caso del segundo comentario, ciertamente los estudiantes que están por egresar requieren más atención sobre la NEM porque ya están en las escuelas ejerciendo una práctica, con una reforma centrada en las capacidades como ya se ha destacado, lo cual, de forma particular lo trabajan los docentes, algunos al menos y su estancia en las escuelas primarias los está formando en la realidad de la aplicación de la reforma.

> La verdad no considero tener el suficiente conocimiento acerca de lo que está llevando a cabo la dirección de la normal en el hacer cotidiano bajo esta nueva reforma como para expresar si lo considero efectivo o no, pero lo que respecta a la NEM en rasgos generales me parece que está dejando mucho a desear con los estándares de rendimiento académico que se prometían. (Estudiante de Quinto semestre, Comunicación personal, diciembre de 2023).

> Debe de ser sumamente pesado estar en ese puesto con tantas cuestiones por atender, pero si me hubiera gustado talleres de capacitación, cursos o diplomados relacionados a la NEM, especialmente para nosotros los que vamos de salida, porque creo que en el último año te piden hacer muchas cosas, pero nadie te explica cómo hacerlas. (Estudiante de Séptimo semestre, Comunicación personal, diciembre de 2023).

También hay cierto desconocimiento sobre el hacer de los directivos, no se tiene claro lo que implica el trabajo del director y su cuerpo directivo. Pero esto tal vez tiene que ver con el poco acercamiento en ambos sentidos, a los estudiantes parece interesarles más el trabajo en el aula y en la escuela primeria a través de sus prácticas.

Por otro lado, pueden ver el rol o roles directivos como muy complejos y pesados, posiblemente se cree que eso no permite que se vinculen con los estudiantes, ni les generen cursos o talleres que los acerquen a la NEM, el asunto es que hay poca o nula interacción al respecto, reiterando, hace falta una gestión institucional centrado en la academia. Finalmente:

> Adecuado, me parece que el trabajo del personal directivo se ha enfocado en el bienestar y en la formación enriquecedora del alumnado, sé que nos podemos acercar y con disposición nos ayudarán. (Estudiante de Quinto semestre, Comunicación personal, diciembre de 2023).

Este comentario quedó al final porque parece contrastar con los demás, con las percepciones de poco acompañamiento, ojalá todas las opiniones fueran en torno a esto, porque así se esperaría que efectivamente hay una buena gestión, un acercamiento al trabajo académico, cosa que en la realidad no parece nada cercano, incluso, parece casi imposible.

Conclusiones

Los estudiantes de la escuela normal, en este preciso momento están pasando por un conflicto dado por la llegada de la reforma de la NEM. Reforma caracterizada por un enfoque contestatario a la manera tradicional de formar en los currículos de corte neoliberales, donde el arbitrio cultural por lo regular estaba presente en planes y programas de estudios.

En el proceso formativo de la escuela normal, requiere que se asuma una postura crítica porque los estudiantes también tienen que ver su realidad como parte de su proceso formativo. Pero en reiteradas ocasiones como alumnos de la escuela normal se dejan llevar por las ideologías de ciertos docentes, son influenciados y la alteridad también es determinante en las opiniones vertidas hacia los docentes, hacia la escuela y hacia los directivos. Por ello la insistencia de ver la realidad con un posicionamiento diferente, pero también en la búsqueda de mejorar su idea de ser estudiantes y de la escuela que quieren.

Tratar de entender la práctica docente en la formación inicial de maestros y la reforma 2022 y la mera en cómo poder abordarla desde la pedagogía crítica y la descolonización del conocimiento alienado y alienante, ha sido una tarea un tanto compleja, precisamente porque los estudiantes limitan sus narrativas a experiencias recortadas, o tal vez les cuesta trabajo expresar lo que sienten y cómo quisieran que fueran sus prácticas, sin mucho contenido teórico. Pero si en la escuela normal no se genera primero un cambio, difícilmente los estudiantes tendrán una visión diferente, los alienamos a conciencias reproductoras.

Afortunadamente, cuando van a las prácticas ven otra realidad, lo que ellos quieren vivir desde que entran a la escuela normal. El choque es fuerte cuando lo contrastan con su "formación teórica" en la normal, pero es posible que transformen su conciencia al estar trabajando con una NEM y todo su fundamento.

Era importante analizar y desentrañar significados sobre cómo se observan las prácticas docentes ante una reforma que se espera transforme el trabajo de los docentes de la escuela básica y los procesos formativos en la escuela normal contribuyan a tener mejores docentes, con todas las capacidades necesarias no solamente para dar clases sino también para producir conocimiento, para desarrollar programas, para enfrentar el codiseño que seguramente ha causado estrés en los docentes, pero eso es importante, para que puedan construir, diseñar y producir.

Con este trabajo, de alguna forma se pudo conocer qué piensan sobre todo los alumnos normalistas sobre el proceso de ejecución de la reforma de 2022, en cierto modo y su vínculo con la NEM, es decir, el trabajo no se centró solo en los alumnos del plan 2022, porque apenas hay dos generaciones en la escuela normal, el trabajo tomó más el curso hacia la formación que viven en la escuela y cómo han enfrentado la reforma de la NEM.

Por lo anterior, fue fundamental analizar prácticas relacionadas con la aplicación de la reforma 2022 y teniendo como referente las reformas anteriores, sobre todo de 2018, porque los estudiantes de quinto y séptimo semestre, hoy sexto y octavo son las dos generaciones que quedan del plan de estudios 2018, son quieres aportaron más a este trabajo, porque tienen más tiempo en la institución y eso les ha dado más experiencia seguramente.

Desarrollar un trabajo de investigación como parte del rol docente con perfil PRODEP e integrantes de un grupo de interés en investigación para mantener el registro del Cuerpo Académico de la institución y hacer aportes al proceso de la puesta en marcha de la reforma y sus implicaciones, ha sido una dificultad sorteada por muchos años, porque ya no se trata solo de hacer un trabajo con el gusto y necesidad de hacerlo, aunque sigue llamando demasiado la atención escribir sobre la teoría y la práctica en la formación de maestros, parece un impulso obligado por una cultura que no avanza hacia la producción académica y hacia la publicación de reportes de investigación.

La NEM abre la posibilidad de dar seguimiento a una reforma criticada por la oposición del gobierno en todos los órdenes, sin embargo, aceptar que es una manera diferente de trabajar en la escuela primaria es lo que cuesta trabajo entender, porque parece no estar en la conciencia de muchos formadores el posicionamiento crítico, es más fácil el rol de reproductor, replicador del contenido académico.

Es normal que una reforma como la de educación básica genere la duda y la confusión, porque es un enfoque totalmente opuesto a planes y programas de estudio y de materiales educativos en general de la tradición neoliberal, porque aun cuando se fundamente en el constructivismo, en teorías que aparentemente buscan que los niños construyan el conocimiento, la lógica del trabajo frente a grupo no cambió se buscaba seguir manteniendo a los niños bajo el arbitrio cultural a través de una violencia simbólica (Bourdieu & Passeron, 1979). Por ello la aparente visión constructiva disfrazada con el enfoque por competencias.

La parte referente a la gestión institucional también ha abierto o más bien ha ampliado la brecha entre los vínculos de los docentes y demás trabajadores de la educación de la escuela normal con la parte directiva, porque aparentemente los vínculos se dan entre el equipo directivo, hay actividades que se realizan y el personal de la institución no es tomado en cuenta, parece que hay una marcada diferencia entre quienes dirigen a la institución y quienes desarrollan el trabajo académico.

Por lo anterior, es necesario que se dé una gestión de tipo académica, no centrar el trabajo en lo administrativo como lógica de la gestión, porque desde principios de los noventa, en México se descartó la visión taylorista de la dirección de las instituciones, llegó una nueva gestión que vino a transformar el hacer del trabajo de las escuelas. No obstante, Didriksson y Tovar (2023) dicen:

> Las nuevas leyes de esta reforma educativa, a partir de la modificación del artículo 3.º constitucional, se sustentan en principios y objetivos con una visión y una política pública que buscan revertir las condiciones de atraso en el país para sustentar una gran transformación en el sistema educativo nacional y, con ello, superar los anteriores enfoques mercantilistas y neoliberales en beneficio directo de las personas, niños, niñas y jóvenes que tendrán garantizado un mejor futuro si cuentan con mejores herramientas para la participación social. (p. 86).

La búsqueda de una educación diferente, cuyos principios efectivamente transformen esa lógica mercantilista y neoliberal se tiene que dar transformando todo el sistema educativo, desde las más altas esferas de la política educativa, los estados y por supuesto dentro de las instituciones educativas.

Las escuelas normales tienen un fuerte compromiso para ayudar a "revertir las condiciones de atraso en el país para sustentar una gran transformación en el sistema educativo nacional" (SEP, 2019), sobre todo porque en sus escenarios se forman quienes serán los docentes del hoy y tienen en sus manos, con la autoridad otorgada en el rol asignado como agente de cambio, no reproductor desde la NEM, la posibilidad de formar en la crítica, de ser posible una conciencia epistémica, con capacidades necesarias para construir, desde realidades una mejor escuela, una mejor educación en búsqueda de la excelencia.

Para ello, es necesario también tener mejores directivos y formadores de docentes en las escuelas normales, directivos no impuestos por los gobiernos en turno y profesores que lleguen a la escuela por su capacidades académicas, no como ha ocurrido, porque los estudiantes no se merecen aquellos que están porque es un buen trabajo y les va bien, sin asumir su rol con decoro, hace falta cambiar la conciencia del formador para retribuir a la escuela todo lo que ha brindado por tantos años y que simplemente no es valorada.

Referencias

Bourdieu, P. y Passeron, J.C. (1979) La reproducción. Barcelona: Editorial Laia

Carrizales-Retamoza, C. (1986) (1986), La experiencia docente, México, Editorial

Línea, México.

Carro, A. (2022) Crónica del plan de estudios, opinión, México.

Chevallard, Y. (1998) La transposición didáctica. Del saber sabio al saber enseñado, Ed. Aique.

Delamont, S. (1984) La interacción didáctica, Ed. Cincel- Kapelusz, España.

De Pro Bueno, A., De Pro Cherenguini y Cantó, J. (2022) Cinco problemas en la formación de maestros y maestras para enseñar ciencias en Educación Primaria DOI. https://doi.org/10.47553/rifop.v97i36.1.92510 ISSN 0213-8646 | E-ISSN 2530-3791

Díaz Barriga, A. (2022) Reestablecer la profesionalidad del trabajo docente, De primera mano, México.

Didriksson, A. & Tovar, M. (2023) La verdadera reforma educativa, Ciencias y Humanidades, 8, Hacia una reforma educativa integral, SEP, México.

DOF, (2022) Acuerdo número 16/08/22 por el que se establecen los Planes y Programas de Estudio de las Licenciaturas para la Formación de Maestras y Maestros de Educación Básica que se indican, México.

Eisner, E. (1998) El ojo ilustrado. Indagación cualitativa y mejora de la práctica educativa, Ed. Paidós, España.

Freire, Paulo. (1993): Pedagogía de la esperanza: un encuentro con pedagogía del oprimido. México, Siglo XXI.

Heller, A. (2002) Sociología de la vida cotidiana, Ed. Península, Barcelona.

Medina, O. (2022) El currículo oficial en las dos últimas reformas educativas en Colombia, Revista Educación, Política y Sociedad, 2022, 7(1), 9-30. https://doi.org/10.15366/reps2022.7.1.001, ISSN 2445-4109.

Montero, L. (2022) Formación inicial, teoría y práctica en las 24 propuestas de reforma, Innovación Educativa, (32) (2022). ISSN: 2340-0056, https://doi.org/10.15304/ie.32.8720

Morin, E. (1990) Introducción al pensamiento complejo, Ed. Gedisa, España.

Poy, L. (2022) Tendrán escuelas normales nuevos planes de estudio, Política, La Jornada, México.

SEP (2022) ANEXO 5, Plan de estudios de la licenciatura en educación Primaria, México.

SEP (2019) Estrategia Nacional de Mejora de las Escuelas Normales, México.

Torres, R. M. (2023) Formación docente en tiempos de transformación educativa, Ciencias y Humanidades, 8, Hacia una reforma educativa integral, SEP, México.

Vocero Normalista (2022) Codiseño 2022: inicia la revolución de conciencias, Voces normalistas, México.

Zepeda, R. (2022) Reforma curricular, Escuelas Normales y relaciones intergubernamentales: resultados de una etnografía accidental en México, Documento de trabajo, Versión 1, diciembre 2022.

www.ingramcontent.com/pod-product-compliance
Lightning Source LLC
LaVergne TN
LVHW010459160826
845677LV00012B/2564
9798892485906